inventt. F. 43480.

Riché (Maurice)

Thèse pour le doctorat

(Faculté de droit de Paris)

FACULTÉ DE DROIT DE PARIS

THÈSE

POUR

LE DOCTORAT

PAR

MAURICE RICHÉ

AVOCAT.

CHARLEVILLE

TYPOGRAPHIE ET LITHOGRAPHIE DE A. POUILLARD
Rue Napoléon, 22.

1871

FACULTÉ DE DROIT DE PARIS

DROIT ROMAIN
DE L'ACCEPTILATION

DROIT FRANÇAIS
DE LA PROPRIÉTÉ LITTÉRAIRE

THÈSE POUR LE DOCTORAT

Par Maurice RICŁÉ.

Avocat à la Cour de Paris.

L'acte public sera soutenu le   à   heure

Président : M. Colmet de Santerre, Professeur;

Suffragants : { MM.

**Le Candidat répondra en outre aux questions qui lui seront faites
sur les autres matières de l'enseignement.**

CHARLEVILLE
TYPOGRAPHIE ET LITHOGRAPHIE DE A. POUILLARD
22, Rue Napoléon, 22.
1874

A MON PÈRE ET A MA MÈRE.

A MES AMIS.

DROIT ROMAIN

DE L'ACCEPTILATION

(Digeste, liv. XLVI, tit. iv.)

INTRODUCTION

Une obligation peut être éteinte soit par le paiement, qui est le mode le plus naturel d'extinction, puisqu'il n'est que l'accomplissement de l'obligation;

— Soit par la novation, la dation en paiement, ou tout autre mode de libération où le créancier reçoit effectivement la chose promise ou un équivalent;

— Soit enfin par un de ces modes d'extinction qui n'ont du paiement que l'apparence, et que les Romains appelaient pour cette raison *imaginariæ solutiones;* c'est à cette catégorie d'actes que se rattache l'acceptilation.

Nous savons que les obligations naissaient soit *re,* soit *verbis,* soit *litteris,* soit *consensu :* le paiement s'appliquait indistinctement à toute espèce d'obligation (loi 80, § 46. 3); c'était donc à la fois le mode le plus naturel et le plus général, et c'est, abstraction faite du paiement, et en l'appliquant seulement aux *imaginariæ solutiones,* qu'il faut entendre le texte bien connu d'Ulpien : « Nihil tam naturale est quàm eo genere quidque dissolvere quò colligatum est; ideò verborum obligatio contrario verbis tollitur, nudi consensus obligatio consensu dissolvitur, » (loi 35 de Reg. juris.); et celui de Gaïus : « omnia quæ jure contrahuntur, contrario jure pereunt. »

Il résulte donc de ces textes que le mode le plus naturel pour amener l'extinction de l'obligation est précisément celui qui lui a donné naissance ; cette symétrie est propre aux Romains : sur elle est fondée la théorie de l'acceptilation.

Cette extinction est aussi parfaite, aussi complète que l'était elle-même l'obligation détruite ; on la qualifie d'extinction *ipso jure*, c'est la libération civile. Mais avec le temps, dit M. Ortolan, le droit prétorien et la jurisprudence sont intervenus, et dans le cas où l'obligation, suivant le droit civil, continue à subsister, trouvant injuste que le débiteur fût contraint à l'exécuter, tout en disant de lui, *obligatus manet*, ils lui ont donné, par le secours des exceptions, *exceptionis ope*, le moyen de se défendre contre la demande du créancier. — Ce ne sont donc point là des modes de libération proprement dits, mais bien des moyens de défense prétoriens ; de là cette distinction entre l'extinction *ipso jure*, et l'extinction *exceptiones ope*.

Autrefois, quand existait la solennité de l'*aes et libra*, elle servait à la fois à créer et à éteindre des obligations. « Est etiam, dit Gaïus (3, § 173), alia species imaginariæ solutionis per aes et libram. Quod et ipsum genus certis in causis receptum est : veluti si quid eo nomine debeatur quod per aes et libram gestum est, sive quid ex judicati causâ debitum (sit). Le legs *per damnationem*, pouvait aussi être remis *per aes et libram*, » puisque le testament lui-même était fait au moyen de cette solennité.

Il paraît même que cette extinction *per aes et libram* ne fût pas de tout temps une *imaginaria solutio*, à une époque où la monnaie n'était pas encore employée, l'airain et la balance ont dû servir à accomplir un paiement effectif.

On peut remarquer que, dans la création des obligations comme dans la translation de la propriété, les formes symboliques dérivent d'une opération qui, à l'origine, n'avait rien de fictif. Le principe posé par Ulpien dans la loi 35 précitée, permet de conclure que la progression a été la même en ce qui concerne l'extinction des obligations toujours corrélative à leur création. La réalité des choses et la grossièreté des opérations rudimentaires disparues, le symbolisme resta.

— Ces exigences, cette nécessité de se servir des formes prescrites et des solennités requises, preuve de l'attachement raisonné d'un grand peuple pour les antiques traditions de ses pères, avaient aussi leur utilité. Le consentement manifesté en ces termes étroits, coulé pour ainsi dire dans ce moule juridique, ne pouvait être douteux ; dès lors peu de procès, peu ou point de surprises.

Bientôt cependant, l'on comprit que toutes ces précautions pour protéger la liberté du consentement pouvaient souvent être éludées, que d'autre part ces minutieuses exigences créaient des complications et des injustices sans nombre, et que l'excès de la protection pouvait parfois opprimer : dès lors, création de l'exception de dol, presque en même temps, efficacité assurée au consentement nu par la protection accordée aux pactes, en un mot, maintien du droit civil, mais amélioré, humanisé par les institutions du préteur.

L'acceptilation, seul mode de libération applicable dans le principe aux obligations verbales (à l'exception bien entendu du paiement), devint de plus en plus rare, elle continua néanmoins de subsister, car elle présentait sur le pacte de *non petendo* nombre d'avantages que nous aurons à examiner dans le cours de cette étude.

Nous n'aurons à parler qu'incidemment du pacte de *non petendo*, que nous rattacherons accessoirement et seulement comme terme de comparaison à la théorie de l'acceptilation.

Nous diviserons en six chapitres l'étude de l'acceptilation :

1° Définition de l'acceptilation. — Des obligations auxquelles elle s'applique. — Ses caractères.

2° Formes de l'acceptilation. — Modalités qu'elle comporte.

3° Entre quelles personnes peut se faire l'acceptilation.

4° De l'objet de l'acceptilation.

5° De l'effet de l'acceptilation.

6° Cas principaux où intervient l'acceptilation.

CHAPITRE I.

DÉFINITION DE L'ACCEPTILATION. — DES OBLIGATIONS AUXQUELLES ELLE S'APPLIQUE. — SES CARACTÈRES.

L'acceptilation est un mode d'extinction des obligations *verbis*, au moyen de paroles solennelles.

Les obligations *verbis* sont au nombre de trois : la stipulation, la *dotis dictio*, le *jusjurandum liberti*.

Incontestablement, l'acceptilation s'applique à la stipulation, puisqu'elle n'est qu'une sorte de stipulation en sens contraire de la première. L'acceptilation s'applique également, la loi 13 § 1 *hoc. tit.* le dit en termes formels, à l'obligation née du *jusjurandum liberti*, mais s'applique-t-elle à l'obligation qui résultait de la *dotis dictio* ?

Nous ne connaissons aucun texte sur ce point ; mais leur silence nous paraît devoir s'expliquer par la disparition de la *dotis dictio*. Lorsque des constitutions impériales eurent donné force obligatoire à la simple promesse de doter, la *dotis dictio* cessa d'être en usage, et l'on comprend que les compilateurs de Justinien aient supprimé la plupart des textes relatifs à la *dotis dictio*, sur laquelle nous n'avons, d'ailleurs, presque aucun renseignement. On peut induire d'un texte où Gaïus s'exprime d'une façon générale et sans faire de restriction, que l'obligation née de la *dotis dictio* pouvait être éteinte par l'acceptilation. « Consentaneum visum est verbis factam obligationem posse aliis verbis dissolvi. »

L'acceptilation était le seul mode qui servit à éteindre *jure civili* les obligations *verbis*. Si l'acceptilation était appliquée à une autre obligation, par exemple à une obligation née *re*, elle valait au moins comme pacte, c'est-à-dire qu'elle produisait une extinction *exceptionis ope*, à condition, toutefois, que le consentement à détruire l'obligation existât réellement, malgré la nullité de formes : c'est ce que disent les lois 19 *principio, hoc titulo*, et 8 *princip. hoc titulo*

Il existe cependant un cas où l'extinction résultant de l'acceptilation, même appliquée à une obligation née autrement que *verbis*, aurait lieu *ipso jure :* c'est celui où il s'agirait d'un contrat consensuel. Un simple pacte aurait, dans la même hypothèse, un effet tout aussi absolu.

Bien qu'en principe l'acceptilation soit réservée aux obligations verbales, il peut donc arriver qu'elle puisse être employée d'une manière plus ou moins détournée, pour produire l'extinction d'autres obligations.

La loi 13 § 7 *hoc titulo*, nous en offre un exemple : « Si fidejussori accepto tuerit latum, cùm reus re, non verbis fuisset obligatus, an reus quoque liberetur? Et hoc jure utimur, ut licet reus non verbis fuisset obligatus, tamen acceptilatione per fidejussorem liberetur. »

Une obligation née d'un contrat réel, comme le *mutuum*, est garantie par un *fidejussor ;* l'acceptilation faite à ce dernier libérera le débiteur. Cela se conçoit aisément. Le fidejusseur est tenu *verbis*, donc il peut être libéré par acceptilation; d'autre part, l'acceptilation équivaut à un paiement, et le paiement fait par le fidejusseur libère le débiteur. Il y a donc ici extinction *ipso jure* d'une obligation *re*, au moyen d'une acceptilation.

Les textes nous fournissent d'autres exemples analogues .
« Si judicati, dit Ulpien, (loi 16 *hoc tit.* § 1) fidejussor sit
datus, acceptus, ei que accepto latum sit; liberabitur et judicatus. »

En second lieu, si l'on remarque quels liens étroits unissent entr'elles les obligations verbales et les obligations littérales, on est tenté de croire que l'acceptilation leur était commune. Le mot même d'acceptilation semble emprunté aux obligations littérales, à l'*expensilatio* dont il est le corrélatif.

Enfin, l'utilité de l'acceptilation avait fait imaginer un moyen ingénieux de l'appliquer, même en se conformant aux règles du droit civil, à toutes espèces d'obligations. — La stipulation pouvait, nous le savons, servir à nover, à transformer en une obligation verbale une obligation quelconque. Les parties se trouvaient-elles en présence d'une obligation qui, par sa nature, n'était pas susceptible d'être éteinte *ipso jure* par l'acceptilation, voulaient-elles, par une seule acceptilation, éteindre plusieurs obligations verbales, il leur suffisait de nover, grâce à la stipulation, l'obligation ou les obligations qu'elles voulaient dissoudre, et d'appliquer ensuite l'acceptilation à cette obligation verbale unique, résultat de la novation.

Ce procédé est dû au célèbre jurisconsulte Aquilius Gallus, collègue et ami de Cicéron, auteur de plusieurs formules progressives qui restèrent dans la jurisprudence pour tempérer les rigueurs parfois un peu brutales de l'ancien droit. Ce détour ingénieux prit le nom de stipulation aquilienne, et les Instituts nous en ont conservé la formule :

« Quidquid te mihi ex quàcumque causà dare facere oportet oportebit, præsens in diemve, quarumque rerunt mihi tecum actio, quæque adversùs te petitio aut persecutio est critve, quodve tu meum habes, tenes, possides ve, dolo malo fecisti quòminùs possideas : quanti quæque earum rerum res erit, tantam pecuniam dari promittis ? »

— « Promitto, » répond le débiteur.

Voilà la novation. Puis le débiteur prenant la parole :

— « Quidquid tibi hodierno die per Aquilianam spopondi, id omne habes ne acceptum ?

« — Habeo acceptum que tuli, » reprend le créancier.

Et l'acceptilation est consommée.

La rédaction de la formule est fort générale ; elle vise la transformation en une obligation verbale, non-seulement de toutes les obligations possibles, qu'elles dérivent d'un délit, d'un pacte, d'un legs ou de tout autre cause, mais même des droits réels. L'action réelle pouvant aboutir à une condamnation pécuniaire, la violation d'un droit réel engendre, dit M. de Savigny, un rapport analogue à l'obligation. Lorsque, par la création des actions arbitraires, on eut considérablement diminué le nombre des condamnations pécuniaires, l'éventualité subsistant, la novation demeura possible.

Les textes, sur ce point, nous semblent ne pas laisser de doutes. Sans parler de la formule même de la stipulation aquilienne, qui, par le mot *petitio*, désigne bien l'action réelle, il suffit de se reporter à la loi 15 *de transactionibus* au Code. Voici l'hypothèse prévue. Après une transaction entre deux adversaires dont l'un revendique un droit réel, une stipulation aquilienne suivie d'acceptilation intervient. Alors, dit la loi, aucune poursuite n'est possible. Il y a donc bien extinction radicale, *ipso jure,* de l'action réelle ; extinction *ipso jure*, disons-nous, puisque la loi cite elle-même l'exemple du pacte, qui ne produit qu'une extinction *exceptionis ope*, et prend soin de dire qu'il en est différemment s'il est intervenu une acceptilation.

Certaines locutions de la formule ont besoin d'être expliquées. *Actio* signifie l'action *in personam*, *petitio* l'action réelle, *persecutio* toute *cognitio extraordinaria. Tenere* se rapporte à la simple détention, *possidere* à la possession *sine animo domini,* comme celle du créancier gagiste ou du précariste, *habere* à la possession *cùm animo domini.* Telle est, du moins, l'explication donnée par M. Ortolan.

La formule citée plus haut suppose une acceptilation immédiate; de la sorte, on peut faire remise du solde d'un compte, lorsqu'une série d'opérations sont intervenues entre les deux parties. Il paraît même que c'est surtout dans le but de faciliter aux parties le moyen d'obtenir une quittance générale que la stipulation Aquilienne a été imaginée (Molitor, des *Obligations*, III, p. 245); mais il est évident que les parties peuvent vouloir n'opérer qu'une novation, désirant que la libération ne résulte que du paiement ou d'une acceptilation ultérieure : elles n'ont alors qu'à omettre la dernière partie de la formule. Ce point de vue est indiqué par Paul (*Sentences*, livre I, titre I, § 3) et reproduit au Digeste à propos de la transaction (Loi 15 princ.) Ces textes nous montrent que la stipulation Aquilienne est ajoutée souvent au simple pacte, particulièrement à la transaction, afin d'en fortifier l'effet par l'action *ex stipulatu.*

L'acceptilation peut intervenir quand le paiement est déjà effectué, pour mieux le constater. Nous verrons au chapitre V la différence qui sépare, dans ce cas, l'acceptilation d'une simple quittance *(apocha).*

Une dernière observation avant d'aborder les détails. L'acceptilation ne doit pas être confondue avec notre remise de dette. Celle-ci est essentiellement gratuite; l'acceptilation peut être à titre gratuit, mais elle a lieu bien souvent à titre onéreux, ainsi que nous le verrons en parcourant dans le chapitre VI les cas principaux où elle intervient.

CHAPITRE II.

FORMES DE L'ACCEPTILATION. — MODALITÉS QU'ELLE COMPORTE.

§ 1er. — *Formes.*

Le jurisconsulte Modestin (loi 1 *de accept.*) définit ainsi l'acceptilation : « Acceptilatio est liberatio per mutuam interrogationem, quà utriusque contingit ab eodem nexu liberatio. »

Cette définition a été qualifiée par Vinnius de *dura et absurda*. Epithètes excessives peut-être, car si les commentateurs ne s'accordent pas sur le sens de cette phrase, il n'en est par moins certain qu'elle en a un. On lui en a prêté jusqu'à trois. Suivant Cujas, Modestin se réfère à l'acceptilation précédée de la stipulation Aquilienne; les deux parties, en effet, s'interrogent tour à tour dans ce cas, mais c'est pour aboutir à deux opérations juridiques distinctes. Suivant d'autres, il faudrait supposer les parties liées par un contrat synallagmatique, et recourant à l'acceptilation pour se libérer réciproquement; mais ici, s'il y a deux interrogations, c'est qu'il y a deux acceptilations. Enfin, d'après Doneau, le mot *mutua interrogatio* signifie à la fois la demande et la réponse, c'est-à-dire le dialogue. Cette explication nous paraît la moins invraisemblable.

L'acceptilation rappelle par sa forme la solennité de la stipulation : le débiteur demande au créancier s'il tient pour reçue la chose stipulée, et le créancier répond affirmativement. « Quod ego tibi promisi, habesne acceptum? Habeo. » Justinien ajoute que l'on peut faire l'acceptilation en grec, mais en employant une forme analogue : Ἔχεις λαβών Σηγγραφα τοτα; Ἔχις λαβων. (*Gaïus*, III, 169-170) — *Ins. quib. mod. obl. toll.*, § 1).

Ceci nous prouve que l'acceptilation, appartenant à l'origine exclusivement au droit civil, devint bientôt accessible aux *peregrins*. Ce résultat était inévitable. La stipulation Aquilienne permettait, en effet, de transformer toutes les obligations, même du droit des gens. — *Hoc jure utimur*, dit la loi 8, § 4, *hoc tit. ut juris gentium sit acceptilatio.* — Mais, d'autre part, la loi 107-46, 3, semble bien affirmer le contraire, « Verborum obligatio tollitur aut naturaliter, aut civiliter..... civiliter, veluti acceptilatione. » Nous croyons qu'il est facile de concilier ces deux textes. Sans doute, l'acceptilation était permise aux *peregrins*, mais ceux-ci, bien que se servant d'une langue étrangère, devaient calquer les termes romains, car l'acceptilation avait une origine purement civile. — (Pothier, n° 11, note 2).

§ 2. — *Modalités qu'elle comporte.*

Nous verrons bientôt que la libération produite par une acceptilation peut être à terme ou conditionnelle ; mais si nous examinons l'acceptilation en elle-même, dans sa forme, nous constatons, par la lecture des textes les plus formels, qu'elle ne peut être que pure et simple.

« In diem acceptilatio facta nullius est momenti, » dit la loi 5, *hoc tit. ;*

« Acceptilatio sub conditione fieri non potest, » dit la loi 7 ; enfin, la loi 77 *de regulis juris* pose le principe général : « Actus legitimi qui recipiunt diem vel conditionem, veluti mancipatio, acceptilatio, aditio hereditatis, servi optio, datio tutoris, in totum vitiantur per temporis vel conditionis adjectionem. »

Que faut-il entendre par *actus legitimi ?*

Sur ce point, nous pensons avec notre savant maître M. Bufnoir (*Théorie de la condition*, page 105), que quelle que soit l'explication donnée, on sera dans le vrai sans doute, mais surtout dans le vague, et qu'il faut renoncer à en donner une définition précise. « Heureusement, ajoute M. Bufnoir, qu'au point de vue qui nous occupe, il est sans intérêt de donner des *actus legitimi* cette définition précise. Cela serait nécessaire si la prohibition de toute condition dans ces actes était une règle arbitraire du droit positif ; mais il n'en est pas ainsi : la prohibition tenait au fond des choses, et dérivait logiquement, soit des formes, soit de la nature des actes dont il s'agit. »

Au surplus, l'énumération de Papinien n'est pas complète. Il est certain par exemple, que des actes qui, comme la mancipation de l'*in jure cessio* ne sont que la fiction juridique d'un fait accompli, ne peuvent être faits conditionnellement. « Je soutiens que cet homme est à moi ; » aucune condition ne peut être insérée dans une telle formule. La raison est la même en ce qui concerne l'acceptilation : le créancier se déclare payé, la loi le répute tel, aucune condition n'est possible.

C'est donc la nature même de l'acceptilation, qui s'oppose à l'introduction d'une condition ou d'un terme ; mais il y a un autre obstacle, qui réside dans la forme même. Cette observation n'est pas indifférente, et en voici une application : Il y a de ces restrictions qui n'ont de la condition que l'apparence, comme celles qui subordonnent la perfection de l'acte à un fait accompli ou présent, ou à un événement que l'on sait à priori devoir arriver ou ne pas arriver. Il n'y a point là de condition proprement dite, et l'acte juridique qui contiendrait une de ces restrictions, n'en demeurerait pas moins pur et simple. Aussi, si l'essence seule de l'acceptilation répugnait à l'insertion d'une condition, devrait-on les admettre. Il n'en est pas ainsi. Le fond de l'acceptilation demeurât-il pur et simple, la forme n'en pourrait être conditionnelle.

S'agit-il au contraire d'une de ces conditions que l'on a appelées *conditiones quæ insunt*, et qui ne sont autre chose que l'accomplissement des formalités auxquelles la loi subordonne l'acquisition ou l'extinction d'un droit, par exemple : Je lègue 100 à Titius, si l'héritier fait adition, etc., il n'y a pas là encore de véritable condition : aussi l'acceptilation est-elle valable. — Mais cette exigence est-elle exprimée, immédiatement l'acceptilation devient nulle, non pour une atteinte au fond, mais pour une violation faite à la forme.

En résumé donc la condition est bannie de l'acceptilation, parce que le fond et la forme de cet acte y répugnent. L'apparence même d'une condition rend également l'acceptilation nulle, parce que la forme en est viciée ; enfin, lorsque la forme est pure et simple, l'acceptilation peut être subordonnée à certaines exigences et à certaines éventualités qui ne sont pas des conditions proprement dites.

Mais voici que la loi 12 *hoc titulo*, supposant que le créancier fait acceptilation d'une dette véritablement conditionnelle, décide que la condition affectera l'acceptilation elle-même, celle-ci ne devant avoir d'effet qu'autant que l'accomplissement de la condition aura donné naissance à l'obligation. — La solution est étendue à une obligation à terme ; enfin la loi 77 *de regulis juris*, en déclarant que dans la même hypothèse l'acceptilation sera valable pourvu que la condition ne soit pas exprimée, semble bien démontrer que si l'insertion d'une condition peut, en altérant la forme, vicier l'acceptilation, la nature de l'acte n'en reçoit aucune atteinte et se prête aisément à la condition.

Il y a-t-il dans cette hypothèse de la loi 12 et autres analogues, une exception au principe qui bannit de l'acceptilation, non-seulement à raison de sa forme, mais à raison de sa nature et de son essence même, le terme et la condition ?

En ce qui concerne la condition, nous croyons qu'on peut soutenir, avec M. Bufnoir, que lorsque la volonté des parties n'a joué aucun rôle, comme dans l'hypothèse prévue, il n'y a pas véritablement condition.

Quant au terme, nous ne voyons pas en quoi il affecte l'acceptilation, et pourquoi celle-ci ne produirait pas une libération immédiate et définitive. — L'obligation existe, elle peut donc être éteinte : un paiement effectif produirait immédiatement tout son effet ; enfin la présence des deux parties dans l'acceptilation, implique nécessairement la renonciation au bénéfice du terme.

Il y a beaucoup d'autres exemples de conditions, toutes régies par les règles précédentes. Nous ne voulons en citer qu'une seule, sur laquelle nous aurons à revenir au chapitre VI : c'est la condition « si nuptiæ secutæ fuerunt, » dans le cas de constitution de dot au moyen de l'acceptilation.

§ 3. — *De l'acceptilation d'une dette future.*

On peut, nous venons de le voir, faire acceptilation d'une dette conditionnelle; — peut-on faire de même acceptilation d'une dette future ?

Attachons-nous tout d'abord à bien déterminer les différences qui séparent la dette conditionnelle de la dette future.

La dette conditionnelle est celle qui dépend d'un événement futur et incertain, mais dès à-présent déterminé. Les deux parties se sont engagées, l'une envers l'autre, sous la chance de cet événement futur. Lorsqu'une stipulation conditionnelle est intervenue, le stipulant n'est sans doute pas encore créancier, il n'a que l'espoir de l'être, mais les situations réciproques sont dès à-présent modifiées. Le débiteur conditionnel est moins libre qu'auparavant. — Il y a contrat conditionnel, mais néanmoins contrat. « Eum qui stipulatius est sub conditione placet etiam pendente conditione creditorem esse (loi 42 de obl. et act.) » Les jurisconsultes romains accordent en conséquence au créancier conditionnel le droit de prendre des mesures conservatoires de son droit (envoi en possession, séparation des patrimoines, etc.).

Si la condition se réalise, l'obligation remontera au jour du contrat et sera réputée avoir toujours été pure et simple.

La dette future n'existe pas juridiquement, il y a le néant. Ce n'est pas une dette, c'est la possibilité d'une dette, dont l'existence est subordonnée à mille éventualités, à mille circonstances imprévues. Pour le moment personne n'est lié. Il ne peut donc être question de rétroactivité à une date où il n'y a pas eu d'engagement.

Voyons maintenant les conséquences que ces différences produisent lorsqu'on fait intervenir une acceptilation.

Fait-on, *pendente conditione*, acceptilation d'une dette conditionnelle. Plus tard, la condition se réalise : grâce à la rétroactivité, l'obligation est censée avoir toujours été pure

et simple, et ce, à compter d'une date antérieure à l'acceptilation; donc celle-ci a pu légitimement éteindre cette
obligation.

Fait-on, au contraire, acceptilation d'une dette future
avant sa naissance ? Il ne peut y avoir acceptilation de ce
qui n'existe pas; l'acceptilation tomberait dans le vide, et ce
vide, la rétroactivité ne viendra pas le combler. La loi 13,
§ 9, *in fine, hoc tit.* exprime très-bien cette idée : « Non
tamen reus antiquiore acceptilatione quàm obligatio ejus
est liberari potuit. »

Dans cette même loi, nous trouvons l'exemple pratique
d'une dette future, avec le développement de ce que nous
venons d'indiquer.

« *Qui ita stipulatur à fidejussore : Quod tibi credidero, fide
tuâ esse jubes? Deindè antequàm crederet, acceptum fecit fidejussori, reus non liberabitur. Sed, quandoque ei creditum
fuerit, tenetur; nam etsi fidejussorem non ante liberatum esse
credimus quàm fuerit creditum reo, non tamen reus antiquiore, etc.* »

Le texte suppose une caution qui fournit sa garantie pour
l'emprunt que pourrait faire Titius. Avant que le prêt
ne soit effectué, le prêteur fait acceptilation au fidejusseur
La caution étant obligée conditionnellement, son obligation,
qui dérive d'un contrat, rétroagira par l'accomplissement
de la condition, c'est-à-dire par la réalisation de l'emprunt
fait par Titius, dès-lors elle aura été valablement libérée.
Mais l'emprunteur, entre les mains de qui le prêt aura été
postérieurement réalisé, restera tenu parce qu'il n'était pas
obligé, même conditionnellement, et que par conséquent il
ne pouvait être question pour lui de libération directe ou
indirecte.

En matière de legs, nous voyons encore le même principe
dans la loi 13, § 9 *hoc titulo.* Avant l'accomplissement de la
condition, l'héritier a donné caution au légataire; celui-ci
libère la caution au moyen d'une acceptilation. S'il s'agissait
d'un legs pur et simple ou d'un contrat, même conditionnel,

la libération de la caution profiterait à l'héritier, débiteur principal. Mais voici la décision de notre loi : « Si legatorum sub conditione relictorum fidejussori dato accepto latum sit, legata debebuntur prostea existente conditione. »

Voici donc le legs conditionnel assimilé non plus à une dette conditionnelle, mais à une dette future. C'est que, dans les legs conditionnels, la rétroactivité n'existe pas. Ce n'est qu'à l'avènement de la condition, et non pas au jour de la mort, que le droit s'ouvre pour le légataire : « Dies legati cedit existente conditione. » Le legs conditionnel est donc à cet égard assimilable à une créance future, dont il diffère cependant sous d'autres rapports; mais comme la rétroactivité, qui seule valide l'acceptilation d'une créance conditionnelle, lui fait défaut, il doit être traité comme une simple créance future.

La loi 21 *hoc titulo* semble, au premier abord, contredire cette doctrine.

« Si sub conditione legatum mihi datum novàndi causà stipulatus sum, et ante existentem conditionem acceptum fecero : Nerva filius àit, etiamsi conditio exstiterit, neque ex testamento competituram actionem, quià novatio facta sit, neque ex stipulatu quæ acceptilatione solutæ sit. »

Mais il est facile de voir que l'espèce est différente. Il y a eu, dans l'hypothèse de la loi 21, une novation qui a transformé la créance du legs en une créance contractuelle, lui faisant ainsi acquérir la rétroactivité, et, partant, validant l'acceptilation intervenue *pendente conditione*.

CHAPITRE III

ENTRE QUELLES PERSONNES PEUT SE FAIRE L'ACCEPTILATION

Nous aurons à examiner successivement la capacité requise chez celui qui consent et chez celui qui reçoit l'acceptilation.

Etablissons d'abord le principe général. L'acceptilation ne peut être faite par un mandataire. (Loi 123. 50. 17.) Il en est ainsi pour tous les *actus legitimi*. Le principe de la représentation par autrui, qui prit naissance dans les édits des préteurs, ne s'étendit jamais à l'acceptilation, ainsi qu'on peut le conclure de la loi 53. 41. 1.

La même règle est, du reste, donnée dans notre titre par la loi 13, § 10, et par la loi 3 : « Per procuratorem liberare nec liberari quisquam acceptilatione sine mandato potest. »

Ce texte est difficile à comprendre. Un *procurator*, dit-il, ne peut recevoir ou consentir une acceptilation, à moins qu'il n'ait un mandat.

Mais comment un *procurator* n'aurait-il pas de mandat? Et s'il peut figurer, grâce à un mandat, dans une acceptilation, que devient donc notre principe?

On a proposé de substituer aux mots *sine mandato* les mots *sine novatione*. Explication qui est assez en harmonie avec la loi 13 : « Sed hi omnes debent novare, possunt enim et sic accepto facere. » La novation est un moyen de tourner le principe rigoureux de la non-représentation. Un mandataire ne peut faire novation, parce que, n'étant ni créancier ni débiteur, il ne peut faire ou recevoir une remise ; qu'il stipule ou qu'il promette, le voilà véritable créancier ou véritable débiteur ; la créance ou la dette est passée sur sa tête, il peut parler en son nom propre. La loi 20 *de novatione* reconnaît formellement au tuteur et au *procurator omnium bonorum* le droit de faire une telle novation.

La loi 13, § 10 *hoc tit.* confirme cette disposition en ce qui concerne le tuteur ; le même expédient était employé pour libérer un débiteur absent ; le créancier stipulait *animo novandi* d'un tiers, puis il faisait acceptilation à ce tiers. Celui-ci était ainsi libéré ; quant au débiteur absent, c'est à la novation même qu'il devait sa libération.

Cette faculté aurait pu devenir, pour le patrimoine du pupille, une source de dangers si elle n'eut été limitée par la capacité même du tuteur. La loi 20, § 1. 46. 2, ne per-

mettait au tuteur de faire novation que si l'intérêt du pupille
l'exige, celui-ci, s'il est lésé, aura encore la ressource de la
restitutio in integrum.

En dehors de cet expédient, le créancier peut donc seul
consentir une acceptilation. S'il y a plusieurs créanciers
correi, chacun d'eux a un droit égal à faire acceptilation, et
nous examinerons au chapitre V quelles en seraient les conséquences.

A côté du créancier peut se trouver un *adstipulator*.
Celui-ci est à l'égard du débiteur un véritable créancier,
ayant toutes les actions du contrat, pouvant poursuivre le
paiement, pouvant dès-lors faire acceptilation. Mais l'*adstipulator* pouvait faire une remise sans profit, onéreuse même
pour le créancier principal. Aussi celui-ci avait-il contre
l'*adstipulator*, outre l'action de mandat, l'action de la loi
Aquilia. C'était le second chef de cette loi, et l'action crois-
sait au double *adversùs inficiantem*. (*Gaïus* III, 215 et 216).

Quant à l'*adjectus solutionis gratiâ*, bien que son mandat,
donné dans l'intérêt du débiteur ; ne fut pas révocable au
gré du créancier, sa mission consistait uniquement à recevoir le paiement, non à le poursuivre, à faciliter l'encaisse-
ment, non à se comporter en véritable créancier, il ne pouvait dès lors faire acceptilation.

Certains créanciers sont placés, à raison de leur âge, de
leur sexe ou de leur état mental, dans une position spéciale.
Tout acte qui rend leur condition pire leur est défendu.
Consentir une acceptilation, ce serait abandonner un droit,
ils ne le pourront faire.

Nous savons qu'à Rome, les femmes *sui juris* étaient soumises à une tutelle perpétuelle. Mais les fonctions du tuteur
d'une femme pubère différaient sensiblement de celles d'un
impubère : « Tutoris auctoritas necessaria est mulieribus
quidem in his rebus, si lege aut legitimo judicio agant, si
se obligent, si civile negotium gerant..... si rem mancipi
alienent. » (Ulp. Tut. § 27.)

Ainsi la femme pouvait sans l'autorisation de son tuteur,

aliéner une chose *nec mancipi*, une créance par exemple, et recevoir valablement un paiement. Pouvait-elle consentir une acceptilation ? Il semble bien que oui, puisqu'il n'y a là que l'aliénation à titre gratuit ou onéreux d'une *res nec mancipi*, d'une créance. Il n'en était cependant pas ainsi. « *Acceptum facere*, » c'est pour les Romains « *civile negotium gerere*, » c'est faire un acte juridique interdit aux femmes. Au reste, comme le dit Gaïus, d'une façon peut-être un peu trop générale (III, § 85), il n'y avait pas les mêmes raisons pour permettre aux femmes de faire acceptilation que pour les autoriser à recevoir un paiement. Dans un cas, « *accipiunt pecuniam*, » dans l'autre, « *acceptam se dicunt*. »

Quant au pupille, s'il est d'âge à figurer par lui-même dans les actes de la vie civile, il fera acceptilation avec l'*auctoritas tutoris* ; s'il est infans, le tuteur fera lui-même au moyen d'une novation, toute acceptilation, à condition que l'intérêt du pupille l'exige, « *si hoc pupillo expediat*. »

— Une acceptilation peut-elle être valablement faite par l'esclave, ou le fils de famille ?

Une distinction est nécessaire. En ce qui concerne l'esclave, on peut répondre non d'une façon absolue. Il n'est jamais créancier, il ne peut acquérir que pour son maître, il ne peut donc faire acceptilation d'une créance qui n'est pas la sienne. Mais la loi 22 *hoc titulo* va plus loin : « Servus, nec jussu domini acceptum facere potest. » Ainsi l'esclave, même avec l'ordre du créancier, son maître, ne pourrait consentir une acceptilation. Cherchons-en la raison. L'acceptilation prise isolément et sans s'occuper de ses résultats compte évidemment parmi les actes d'acquisition pour celui qui la reçoit ; « Species acquirendi est liberare dominum per acceptilationem, » (loi 11 *princ. hoc titulo*) ; mais réciproquement, elle constitue pour celui qui la consent une véritable aliénation.

Or, l'esclave qui représente son maître toutes les fois qu'il s'agit d'acquérir, n'est plus, lorsqu'il aliéne, une personne juridique, il cesse d'emprunter la capacité et la personnalité du maître, et ce principe général, qui protège les maîtres contre des aliénations inconsidérées ou maladroites, ne peut être altéré par une volonté particulière. La volonté d'un seul ne peut étendre la fiction légale de la représentation à un cas que la loi ne veut pas viser.

Ces règles sont applicables, sous un double tempérament, au fils de famille. Celui-ci peut être *adstipulator*, et en ce cas la créance qu'il acquiert reste sienne et ne passe pas à son père; il peut aussi avoir un pécule, et jouir pour tous les actes concernant ce pécule de la capacité la plus complète. Dans les deux cas ci-dessus, le fils de famille pourra valablement consentir une acceptilation.

Examinons maintenant quelles sont les personnes qui peuvent obtenir une acceptilation.

La règle de la non-représentation leur est également applicable, le tuteur devra donc faire novation. Mais du moment que le débiteur peut intervenir lui-même dans l'acte, il n'a pas besoin de l'*auctoritas tutoris* puisque la remise qu'il reçoit rend sa condition meilleure. « Pupillus per acceptilationem sine tutoris auctoritate liberari posse placuit. » (Loi 2, *hoc. tit.*)

Le fils de famille pouvant être obligé civilement, pouvait recevoir une acceptilation. La loi 8 § 4, ajoute : « Idem erit et in servo dicendum, nam et servus accepto liberari potest, et tolluntur etiam honorariæ actiones si quæ sunt adversùs dominum. »

L'esclave ne pouvait s'obliger civilement que par ses délits, mais de ses contrats dérivait une obligation naturelle que l'acceptilation détruisait. En outre l'esclave, sous le rapport du pécule, représentait souvent aux yeux du préteur, la personne du maître, même au point de vue passif. « Quamquam si servus spoponderit in actione de peculio, eadem observari debent ac si liber fuisset. » Le maître était donc tenu d'actions prétoriennes dont l'acceptilation le libérait.

Quant aux dettes contractées par le père de famille, elles

étaient valablement éteintes par l'acceptilation que recevait le fils de famille ou l'esclave. « Vox filii, vox patris; » nous avons vu que pour les actes d'acquisition, on pouvait dire également : « Vox servi, vox domini. »

La réciproque ne serait pas vraie, et il ne pourrait y avoir acceptilation valablement faite par le père pour une dette de son fils civilement obligé. (Loi 8, § 4.)

Si nous supposons que l'acceptilation est reçue par un esclave sur lequel le débiteur n'a qu'un droit d'usufruit, ou par un homme libre que le débiteur de bonne foi retient *in servitute*, la dette sera éteinte. L'esclave de l'usufruitier pouvant rendre celui-ci créancier au moyen d'une stipulation, peut, à plus forte raison, le libérer d'une obligation ; l'acquisition provient d'une dette de l'u...fruitier, *ex re usufructuarii*. (Loi 23 de *Usuf. quemad...* 11, *hoc tit.*)

Un esclave héréditaire peut, d'après la loi 11, § 2, obtenir acceptilation des dettes qui grèvent l'hérédité. Cependant la loi s'exprime d'une façon un peu dubitative « Veriùs puto contingere obligationem. » On s'accorde généralement à transporter, en cette matière, les règles propres à la stipulation.

La stipulation que ferait en son nom personnel, ou sans nommer personne, *impersonnaliter*, un *servus hereditarius* serait parfaitement valable, par application de la maxime célèbre : « Hereditas personam defuncti sustinet. » Faite au nom du défunt, la stipulation serait nulle ; et cela se conçoit aisément.

Quelle solution donner si elle est faite, au contraire, au nom de l'héritier futur? Cette question avait partagé les jurisconsultes romains, et le Digeste lui-même contient les deux opinions, bien que tout-à-fait opposées. Proculus, Papinien, Paul, soutenaient qu'une telle stipulation ne pouvait valoir. « Quia stipulationis tempore, » dit Paul, « heres dominus ejus non fuit. » C'est l'application ou plutôt la conséquence de la règle « hereditas personam defuncti sustinet. » (Loi 16 *de stip. serv.*) Au contraire, Cassius, Gaïus et Modestin soutiennent la validité de la stipulation, se fondant sur l'effet rétroactif qu'ils attribuent à l'adition : « Quia qui postea heres exstiterit, videtur ex mortis tempore defuncto successisse. »

La continuation de la personne du défunt et la rétroactivité de l'adition sont deux fictions incompatibles. La première était la plus généralement admise ; la deuxième ne fut imaginée que pour justifier une solution qui paraissait préférable dans quelques cas particuliers : c'est un système de circonstance ; aussi les Instilutes, tout en déclarant que l'hérédité représente le défunt, ajoutent-elles qu'il en est ainsi « in plerisque. »

Nous dirons donc que si les nécessités de la pratique doivent nous conduire à admettre que la stipulation faite au nom de l'héritier futur est valable, il n'en faut pas moins admettre, pour la grande généralité des cas, la doctrine contraire de la continuation de la personne.

La loi 11, § 3, examine le cas où le maître, tenu d'une obligation, est fait prisonnier par l'ennemi. — Une acceptilation est reçue par l'esclave pendant la captivité du dominus. Voici la décision. Le maître recouvre-t-il sa liberté ? « Ex jure postliminii confirmatur acceptilatio. » Meurt-il captif ? Il est réputé mort du jour où il a été fait prisonnier, aux termes de la loi Cornelia. Dès lors, l'acceptilation, postérieure à son décès, sera considérée comme reçue par u *servus hereditarius*. (Loi 18, § 2, *de stip. serv.*)

Un esclave commun pouvait acquérir pour l'un de ses maîtres un droit de créance exclusif ; il n'y aurait donc aucune raison de lui refuser la faculté d'obtenir, par l'acceptilation, un bénéfice exclusif pour l'un de ses maîtres. « Servus communis sicut uni ex dominis stipulari protest, ità etiam acceptum rogare uni ex dominis potest; eumque in solidùm liberat : et ita Octavenus putat. (Loi 8, § 1, *hoc. tit.*)

La même loi continue, § 2 : « Accepto liberare servus communis alterum ex dominis etiam ab altero domino

potest ; id enim et Labeoni placuit. denique libro Pithanon
scripsit, si à Primo domino, Secundo socio domino suo stipulatus fuerit, posse Secundum accepto rogare, et per acceptilationem Primum liberare, quem ipse obligaverit : sic
fieri ut per unum atque eumdem servùm et constituatur et
tollatur obligatio. »

L'esclave Scius, par exemple, stipule de son maître Primus, au profit de son autre maître Secundus, et vient ensuite demander à celui-ci de libérer Primus au moyen d'une
acceptilation que lui, Scius, recevra ; de telle sorte que l'o-
bligation est créée et éteinte au moyen du même esclave.
Cet exemple n'offre aucune difficulté.

CHAPITRE IV.

DE L'OBJET DE L'ACCEPTILATION.

L'objet de l'acceptilation est nécessairement l'objet même
de la stipulation que l'on veut détruire, aussi est-il essentiel
qu'à l'interrogation du débiteur et la réponse du créancier
portent snr cet objet même. « Nisi consentiat acceptilatio
cùm obligatione, imperfecta est liberatio. « (Loi 14,
hoc. lit.)

Mais il faut entendre largement cette règle, et une con-
cordance absolue n'est pas toujours nécessaire. Supposons
une stipulation ainsi conçue : « *Stichum dari spondes,* »
et une acceptilation intervenant en ces termes : « *Stichum
et Pamphilum acceptos habeo.* » La libération sera parfaitement valable, et la mention faite de Pamphile se trouvera
sans effet « *Utile per inutile non vitiatur.* »

Mais si la stipulation portait sur un objet divisible, ou sur
plusieurs objets, on peut se demander si l'acceptilation qui
ne viserait qu'une partie de cet objet, ou un de ces objets

serait également valable. La loi 0 *hoc titulo* répond affirmativement : « Pars stipulationis accepto fieri potest, non jan-
tum si sic dicat : ex nummis decem, quos tibi promisi
quinque habesne acceptos? sed et si sic : quod ego tibi promisi, id pro parte dimidià habesne acceptum ? » de ce texte
on peut rapprocher le § 1 des *Institutes (quid. mod. obl.
toll.)*

Cependant, la validité de l'acceptilation partielle n'avait
pas toujours été admise unanimement. Gaïus, (III, 172) nous
apprend que de son temps les opinions étaient encore par-
tagées, bien que personne ne contestât la validité du paiement partiel.

Tout autre serait la solution si l'objet de la stipulation n'é-
tait pas divisible. L'acceptilation de partie d'une servitude
prædiale ne serait pas possible, la servitude n'étant par sa
nature susceptible d'aucun fractionnement.

Un passage de la loi 13 de notre titre semble créer une
antinomie. « Si viam quis stipulatus fuerit,..... et iter et
actus accepto fuerit latus, consequens erit dicere, liberatum
eum, qui viam promisit. »

Cependant la servitude *via* est indivisible. Comment concevoir qu'en faisant acceptilation de plusieurs de ses parties, on libère le débiteur. C'est que l'*iter* et l'*actus* réunis
équivalent à la *via; iter* et *actum* disent les *Institutes, in se
continet viâ;* la loi, loin de déroger au principe, le confirme,
au contraire, puisqu'elle déclare que si l'acceptilation ne
porte que sur l'*iter* ou sur l'*actus*, aucune libération ne
pourra résulter de l'acceptilation : « Si acceptô iter vel actum fuerit, acceptilatio nullius erit momenti. »

Toutefois nous reconnaîtrons avec M. Demangeat, que la
viâ suppose sur le fonds servant un chemin tracé d'une certaine largeur, par où elle s'exerce, tandis que l'*iter* et l'*actus*,
même réunis, ne confèrent que le droit de passer, comme
on peut, à travers le fonds servant.

L'usufruit au contraire est parfaitement divisible; aussi
la loi 13 § 1 autorise-t-elle l'acceptilation partielle en ce

cas. L'usufruit désormais ne portera que sur une portion du fonds grevé. « Planè si ususfructus sit in stipulatum deductus, puta fundi Titiani, poterit pro parte acceptilatio fieri, et erit residuæ partis fundi ususfructus. »

Mais voici une difficulté. Supposons que la stipulation porte sur le fonds, l'acceptilation faite de l'usufruit sera nulle d'après la loi 13 § 2 : « Illud certum est, cum qui fundum stipulatus, usumfructum, vel viam, accepto fecit, in eâ esse causâ, ut acceptilatio non valeat. Qui enim accepto facit, vel totum, vel partem ejus, quod stipulatus est, debet accepto facere : hac autem partes non sunt, non magis quàm si quis, domum stipulatus, accepto ferat cæmenta, vel fenestras, vel parietem, vel diætam. »

L'acceptilation ne sera donc pas valable, d'après notre loi, parce qu'il n'y a pas identité au moins partielle entre l'objet de la stipulation et celui de l'acceptilation. L'usufruit n'est pas une portion du fonds, c'est un droit distinct. Cette raison est-elle bien bonne? Nous ne le pensons pas.

On admet sans difficulté que celui qui stipule un fonds a droit à la pleine propriété, c'est-à-dire à la réunion des deux qualités de nu-propriétaire et d'usufruitier. — Donc l'usufruit est compris dans la propriété, dont il est partie intégrante. On admet de même que l'obligation de donner un fonds peut être cautionnée quant à l'usufruit seulement. La loi 70 § 2 *de fidej.*, suppose une obligation ayant pour objet de donner la pleine propriété ; si un fidejusseur s'engage à fournir l'usufruit, Gaïus décide que l'usufruit n'étant pas un droit distinct du fonds, le fidejusseur sera tenu, posant la question sous une forme dubitative : « Quæsitum est utrum obligetur fidejussor, quasi in minus, an non obligetur, quasi in aliud, nobis videtur in eo dubitatio esse, ususfructus pars rei sit, an proprium quiddam ; » il la résout d'une façon affirmative, et s'exprime même en termes énergiques: « incivile est fidejussorem ex suâ promissione non teneri. »

Enfin, la loi 4 *de usufructu*, supposant un legs de propriété, décide que le légataire aura droit à la pleine propriété, encore que l'héritier soit usufruitier du fonds légué.

En est-il donc autrement en matière d'acceptilation?

Il y aurait certainement là une inconséquence, aussi la loi 13 nous paraît-elle n'être qu'un vestige des doutes dont parle Gaïus, et ne nous décidons-nous à l'admettre que faute de textes assez précis en sens contraire.

La même loi 13 § 3 ajoute « Si quis usumfructum stipulatus, usum accepto tulerit, si quidem sic accepto tulerit, quasi usu debito, liberatio non continget. Si vero quasi ex usufructu, cum possit usus sine fructu constitui, dicendum est acceptilationem valere. »

Tout dépend donc de l'intention des parties. Ont-elles considéré l'usage comme un droit distinct, différent de l'usufruit; la stipulation et l'acceptilation ne concordent pas, cette dernière sera donc nulle. Les parties ont-elles au contraire envisagé l'usage comme un démembrement de l'usufruit, l'acceptilation partielle sera validée. — Il ne restera que le *fructus.*

Cela suppose évidemment que le *fructus* peut-être séparé de l'*usus*; telle est en effet la solution de notre texte et des lois (5 § 2, *ususfr. quem. cav.)* et loi 14 § 3 *(de usus et hab.).* Mais une loi du même jurisconsulte, la loi 14 § 1 *de us.* et *hab.* déclare au contraire que « fructus sine usu esse non potest; » — Pour résoudre l'antinomie, Pothier a proposé l'explication suivante : lorsqu'il s'agit d'un *fructus sine usu,* ce n'est pas d'un *fructus sine ullo usu* que le jurisconsulte veut parler, mais d'un *fructus* diminué, restreint par le droit d'*usus* qui a été détaché au profit d'un tiers.

Parmi les obligations qui ont pour objet une dation, nous avons reconnu le caractère d'indivisibilité qui affecte l'obligation de constituer une servitude *prædiale;* mais parmi les obligations de faire ou de ne pas faire, il en est encore qui sont indivisibles à raison de l'indivisibilité du fait ou de l'omission stipulés, telle est l'obligation de construire une maison, de faire un *opus* en général (loi 72, 45, 1), telle est encore l'obligation de ne pas s'opposer au passage d'une personne sur 'telle propriété (loi 85, §§ 3 et 4).

Bien que les textes nous fassent défaut, nous n'hésitons pas à reconnaître dans ces hypothèses l'impossibilité d'une acceptilation partielle.

Une obligation peut avoir pour objet des prestations parfaitement divisibles, et cependant participer sous certains rapports aux caractères des obligations indivisibles. Telles sont les obligations alternatives et les obligations de ognre (loi 2. 45. 1). Elles ne diffèrent des divisions divisibles qu'en ce que le paiement partiel de l'un des objets compris dans l'alternative, ou d'un objet compris dans le genre ne décharge pas immédiatement le débiteur d'une fraction correspondante de l'obligation. La libération reste en suspens jusqu'à la prestation de l'autre partie du même objet, afin d'empêcher le débiteur de fournir comme complément une partie d'un autre objet, ou des objets qui n'appartiendraient pas au genre de l'objet déjà fourni. (Loi 2 § 1, et 2. loi 85, § 4, 45. 1.) (Loi 0 § 1, 40. 3. (Loi 26 § 13 et 14, 12. 6. —)

Cette crainte n'est plus justifiée s'il s'agit non d'un paiement, mais d'une acceptilation, puisque dans tous les cas, après la remise, le stipulant n'aura plus à recevoir qu'une partie d'un seul et même objet. Aussi l'acceptilation partielle est-elle admise : « Qui hominem aut decem stipulatus est, si quinque accepto fecerit, partem stipulationis perenit, et petere quinque aut partem hominis potest. » — (Loi 17. *hoc. tit.)*

Le § 4 de la loi 13 prévoit une autre hypothèse. Un esclave *in genere* a été stipulé, et il est fait acceptation de *Stichus* nominativement. — L'obligation sera complètement éteinte. Le débiteur en livrant effectivement *Stichus* aurait acquitté la dette ; or, l'acceptilation n'est qu'un paiement fictif.

Nous lisons cependant dans la loi 27 § 7 *de Pactis* « Si generaliter mihi hominem debeas, et paciscar ne stichum petam, Stichum quidem petendo, pacti exceptio mihi opponetur, alium autem hominem si petam, rectò agam. »

Nous ne croyons pas qu'il soit possible de dire que le pacte et l'acceptilation ont sur ce point des règles différentes. Il vaut mieux supposer que, dans l'hypothèse de la loi 25, le choix appartient non au débiteur, mais au créancier. Ce qui nous confirme dans cette opinion, c'est que nous voyons la même loi supposer que le créancier peut, sans encourir la *plus petitio causâ*, et, sauf à être repoussé par l'exception du pacte, demander l'esclave Stichus. Or, il encourrait infailliblement la *plus petitio*, si, n'ayant pas l'option, il demandait Stichus au lieu d'un esclave en général (Voet. — Doneau).

Ajoutons que Cujas et Brisson appliquent la même distinction à l'acceptilation : nous ne croyons pas cette idée exacte. La décision de la loi est fondée sur l'analogie entre l'acceptilation et le paiement. Or, de quelque côté que fût le droit d'option, le paiement éteindrait la dette.

Le § 6 de la loi 13 vise une hypothèse plus compliquée : « *Si Stichum aut decem sub conditione stipulatus, Stichum aut decem acceptum fecerit, et pendente conditione Stichus decesserit : decem in obligationem manebunt, perindè ac si acceptilatio interposita non fuisset.* »

Titius a stipulé sous condition Stichus ou 10. Acceptilation est faite de l'obligation alternative; puis Stichus meurt avant l'événement de la condition : Titius pourra réclamer 10 comme s'il n'y avait pas eu d'acceptilation. La raison, quoique subtile, en est exacte. La mort de Stichus a supprimé l'alternative, et, lors de l'accomplissement de la condition, la stipulation est censée n'avoir jamais porté que sur 10, c'est-à-dire avoir toujours été pure et simple. L'acceptilation qui a porté sur une obligation alternative, ne concorde donc pas avec cette obligation. Si, au contraire, étant donnée la même obligation, Titius n'avait fait remise que de 10, la libération aurait lieu. Sans doute, la loi 27, § 6 *de pactis*, où nous trouvons cette solution, ne parle que du pacte. Mais on doit d'autant moins hésiter à l'appliquer à l'acceptilation, que celle-ci produit des effets beaucoup plus absolus que le pacte, et qu'elle peut être assimilée à un paiement effectif de 10, qui, sans contredit, aurait éteint entièrement l'obligation.

CHAPITRE V.

DES EFFETS DE L'ACCEPTILATION.

L'acceptilation, disent les *Institutes*, § 1, *quib. mod. oblig. toll.*, est *imaginaria solutio*. Cette assimilation est sans cesse reproduite au Digeste. Ce qui en résulte, c'est que l'acceptilation doit produire les mêmes effets que le paiement.

La loi 19, § 1 *hoc titulo*, nous présente de cette règle une démonstration sensible en comparant l'acceptilation à la quittance : « Inter acceptilationem et apocham hoc interest, quod acceptilatione omni modo liberatio contingit, licet pecunia soluta non sit : apocha non aliàs quàm si pecunia soluta sit. »

Le débiteur prétend que la dette est éteinte par le paiement. S'il ne présente à l'appui de son assertion qu'une quittance, la preuve contraire sera admise; s'il invoque une acceptilation, il sera définitivement libéré, car quand même le paiement n'aurait pas été effectué, l'acceptilation suffirait. Un rescrit de Dioclétien (loi 2, *de accept.* au Code) indique, en termes énergiques, l'effet extinctif de l'acceptilation : « Omnis agendi via perempta est. »

L'acceptilation était donc un mode d'extinction *ipso jure :* d'où résultaient plusieurs conséquences que nous allons passer rapidement en revue. Tout d'abord, sous l'empire du système formulaire, les modes de libération *ipso jure* pouvaient être invoqués en tout état de cause, même devant le juge. Le juge, d'après la formule, doit examiner « si paret dare oportere; » une acceptilation a-t-elle eu lieu, il ne peut y avoir lieu à condamnation, puisque l'obligation n'existe plus.

Sous le système de la procédure extraordinaire, les exceptions devaient encore être proposées *in limine litis*, lorsqu'elles étaient purement dilatoires. Quant aux faits produisant extinction *ipso jure*, ils étaient opposables en tout état de cause.

En second lieu, lorsqu'une obligation est éteinte *ipso jure*, elle l'est définitivement, irrévocablement. L'acte juridique qui tenterait de la faire revivre serait impuissant ; mais il pourrait cependant en faire naître une nouvelle. (Loi 25 *de Pactis*, § 2).

On pourrait dire cependant que dans le cas de confusion, la règle « obligatio semel extincta non reviviscit » subit une exception. Mais, bien que la confusion soit considérée comme un mode d'extinction *ipso jure*, il n'en est pas moins vrai que l'obligation, dans ce cas, était plutôt paralysée qu'éteinte. (Lois 95 § 2, 107, 46, 3.)

Que si, au contraire, l'extinction n'a eu lieu qu'*exceptionis ope*, le fond du droit n'est pas altéré, l'action seule est entravée, et si l'obstacle vient à disparaître, l'obligation reprend toute sa puissance. (Loi 26 § 2 *de pactis.*)

Paul, cependant, dans la loi 112 (50-17), semble contredire cette théorie : « Nihil interest, ipso jure quis actionem non habeat, an per exceptionem infirmetur. »

S'il est des textes dont il faut user avec ménagement, ce sont surtout ces fragments que les compilateurs de Justinien ont réunis dans le titre de « Regulis juris, » comme des axiomes de droit : découpés dans des passages qui les expliquent et en modifient le sens, ils prennent, lorsqu'ils sont isolés, une généralité qui, suivie à la lettre, conduirait aux plus graves erreurs.

Probablement, le jurisconsulte avait en vue le résultat définitif de l'extinction *ipso jure* ou de l'exception valablement opposée : il y a, en effet, dans les deux cas, absolution du défendeur. On peut dire aussi que les effets sont les mêmes au point de vue de la *condictio indebiti* : il y a *in debitum*, soit que l'obligation soit éteinte *jure civili*, soit que l'action qui la sanctionne soit paralysée par une exception perpétuelle. — En troisième lieu, si nous supposons plusieurs débiteurs obligés *verbis* à une même dette, l'acceptilation faite à l'un d'eux libérera tous les autres.

De même encore, lorsqu'on libère par acceptilation la caution *de re judicatâ*, toutes les stipulations qui concourent à la formation de la *cautio judicatum solvi* sont éteintes, faute d'objet : c'est ce que décide la loi 20, *hoc. tit.*

« Si accepto fuerit lata ob rem judicati clausula, Marcellus ait, ceteras partes stipulationis evanuisse : propter hoc enim tantum interponuntur ut res judicari possit. »

Nous avons déjà vu que, lors même que le débiteur principal serait obligé autrement que *verbis*, il profiterait de l'acceptilation faite au fidéjusseur.

Il est un cas, cependant, où la libération ne se produirait pas : c'est l'hypothèse de la loi 72 *de fidejuss.* (46, 1).

« Si fidejussori sub conditione obligato, « si navis ex Asia venerit ; quem sub hoc modo accepi, ut usque ad tempus vitæ suæ, duntaxat obligaretur, pendente conditione acceptum latum fuerit ; et is fidejussor adhuc pendente conditione mortuus fuerit ; confestim à reo petere possum, quia existens conditio neque obligationem in personam jam mortui efficere, neque acceptilationem confirmare possit. »

Un fidéjusseur garantit une obligation conditionnelle, mais la garantie qu'il offre ne doit pas lui survivre. Il meurt avant l'événement de la condition. Dès que celle-ci sera réalisée, le débiteur pourra être poursuivi, sans qu'il lui soit permis d'invoquer l'acceptilation qui aurait été consentie au fidéjusseur, car, par l'effet de la rétroactivité, l'obligation est réputée n'avoir jamais été cautionnée, ce qui fait évanouir l'acceptilation accordée au fidéjusseur.

Enfin, le même principe est appliqué spécialement par Ulpien dans la loi 16 *hoc titulo* : « Si ex pluribus obligatis uni accepto feratur, non ipse solus liberatur, sed hi qui secum obligantur... non quoniam ipsis accepto latum est, sed quoniam velut solvisse videtur is, qui acceptilatione solutus est. »

Même règle au cas où il s'agit, non de *correi promittendi*, mais de *correi stipulandi :* la loi 2 *de duobus reis* énonce le principe, dont l'application se trouve dans la loi 13, § 12, *hoc. tit.* « Ex pluribus reis stipulandi si unus acceptum fecerit, liberatio contingit in solidum. »

Notre Code civil, qui admet la théorie romaine en ce qui touche les co-débiteurs solidaires (1285), la repousse expressément (1198), quant aux créanciers solidaires.

La loi 13, § 3, *de inoff. test.*, fonde, dans un cas particulier, sa décision sur le même principe : « Filius testatoris, qui cùm Titio ejusdem pecuniæ reus fuerat, liberatione Titio legatâ, per acceptilationem Titii liberatus, ab actione inofficiosi non submovebitur. »

Le fils du testateur est exhérédé par son père. Ce fils, débiteur corréal en même temps que Titius, sera libéré par l'acceptilation, que l'héritier, en vertu du testament, devra faire à Titius. C'est de l'acceptilation, et non du testament, que dérive la libération du fils, et c'est ce qui explique pourquoi il pourra intenter la querela. S'il eût été libéré en vertu du testament, cette action n'aurait pu lui appartenir, puisqu'il eût recueilli ainsi un avantage testamentaire. Nous verrons toutefois, au chapitre suivant, que, pour qu'il y ait lieu à acceptilation au profit du légataire, et par conséquent libération *erga omnes,* il était nécessaire que Titius et le fils du testateur fussent entr'eux *socii.*

La loi 5, § 1, *de donat inter virum et uxorem,* crée une dérogation à notre règle, dérogation fondée sur la prohibition des donations entre époux. Une *acceptilatio* est consentie, *donationis causâ,* par un mari à Titius. Titius est co-débiteur corréal, uni par les liens de la société à la femme de son créancier. L'acceptilation libérera Titius, mais la femme demeurera obligée. Il ne faut pas que le mari, même par un moyen détourné, soit appauvri au profit de sa femme..

On ne peut opposer à ce texte la loi 20 *de liberatione legata*, qui décide que si la libération est léguée à un débiteur capable, le co-débiteur *socius* du légataire profitera, bien qu'incapable de recevoir *ex testamento*, de l'acceptilation consentie par l'héritier. La prohibition des donations entre époux est d'ordre public, et d'ailleurs la loi 20 raisonne dans l'hypothèse d'un legs, tandis que dans la loi 5, § 1, il s'agit d'une donation.

Dans les différents textes que nous avons parcourus jusqu'ici, il n'est question que d'une obligation unilatérale. Nous allons examiner maintenant quel pourrait être l'effet d'une acceptilation unique intervenant entre deux parties liées par des obligations réciproques.

Supposons, par exemple, qu'il s'agisse d'une vente. Un point incontestable, c'est qu'alors l'acceptilation ne peut avoir d'effet que comme pacte, puisqu'il ne s'agit pas d'une obligation *verbis*. Cela, du reste, a peu d'importance, puisqu'un pacte de remise, fait à propos d'un contrat consensuel, opère libération *ipso jure*.

La question est de savoir si les deux contractants seront libérés, ou si une seule des obligations sera éteinte. La question était fort controversée, et la loi 23, *hoc titulo*, contient les deux solutions contraires. « Si ego tibi acceptum feci, nihilo magis ego à te liberatus sum, » dit Labéon. Mais suivant Paul, au contraire : « Cùm locatio, conductio, emptio venditio, conventione facta est, et nondùm res intercessit, utrinque per acceptilationem, tametsi ab alterutrà parte duntaxat intercessit, liberantur obligatione. »

Julien admettait la libération réciproque, à moins que la convention ne portât expressément le contraire. « Cùm emptor venditori, vel emptori venditor acceptum faciat, voluntas utriusque ostenditur id agentis, ut a negotio discedatur, et perindè habeatur ac si convenisset inter eos ut neuter ab altero quidquam peteret : sed ut evidentiùs appareat, acceptilatio in hàc causà non suà naturà sed potestate conventionis valet. »

Nous avons dit tout-à-l'heure que dans notre hypothèse l'acceptilation ne valait que comme simple pacte. Elle pourrait, du reste, valoir par elle-même, dans le cas où les obligations synallagmatiques résulteraient de deux stipulations, créant entre les parties les rapports de vendeur et d'acheteur.

La controverse n'existait pas lorsque c'était en exécution d'un legs que la libération était acquise à l'un des obligés. Le légataire était seul affranchi de ses obligations, et l'héritier restait tenu envers lui. On ne pouvait invoquer, dans ce cas, la volonté présumée des parties. (Lois 16, 17 et 18 *de lib. leg.* 34, 3.)

CHAPITRE VI.

CAS PRINCIPAUX OU INTERVIENT L'ACCEPTILATION.

L'acceptilation, nous l'avons déjà remarqué, peut être aussi bien un acte à titre onéreux qu'un acte à titre gratuit.

Nous allons d'abord examiner quelques cas où elle intervient comme acte à titre gratuit.

I. — DONATION ENTRE VIFS.

Il n'y a donation véritable qu'autant que trois conditions concourent :

Appauvrissement du donateur;

Enrichissement du donataire;

Intention chez le donateur de produire cet enrichissement.

L'acceptilation, pour être qualifiée donation, devra donc nécessairement réunir ces trois éléments : en l'absence de l'un ou de l'autre, l'acceptilation pourrait encore être un acte à titre gratuit, une libéralité, elle ne serait pas une donation. Ainsi, l'acceptilation qui porterait sur une obligation déjà éteinte *exceptionis ope*, bien que pouvant être utile au débiteur, ne serait pas une donation, car le patrimoine de celui qui la recevrait ne serait nullement augmenté. Cette distinction offre plus d'un intérêt.

A l'exclusion de toutes autres libéralités, les donations entre vifs sont soumises aux trois restrictions suivantes :

Prohibition entre époux ;

Observation d'un modus en ce qui concerne la loi *Cincia* et l'insinuation ;

Révocabilité dans certains cas.

Un grand nombre de textes s'occupent de l'acceptilation en parlant de ces diverses restrictions. Nous devons donc entrer dans quelques détails.

A. PROHIBITION ENTRE ÉPOUX.

Lorsque la *manus* cessa d'être usitée, et que d'autre part le nombre des divorces s'accrut d'une façon exagérée, le droit commun des donations, appliqué entre époux, eut mis la fortune de l'un des conjoints à la discrétion de l'autre. Aussi l'instinct public protesta, et la coutume frappa de nullité les donations entre époux. « Moribus apud nos receptum est, » dit la loi 1, 24,1, « ne inter virum et uxorem donationes valerent. »

La prohibition atteignait naturellement la donation faite sous forme d'acceptilation. La sanction était la nullité de l'acte lui-même. — Nous avons vu plus haut, en expliquant la loi 5, § 1 (24, 1,) combien cette nullité était radicale, puisque cette loi supposant que le mari a pour débiteurs corréaux sa femme et un tiers, décide que l'acceptilation faite à la femme laisse intacte l'obligation, et que faite au tiers, elle ne peut libérer la femme. Nous persistons à croire avec Pothier que cette décision est applicable même au cas où la femme et le tiers sont *socii*, quelque inconvénient qu'il y ait pour le tiers à subir le recours de la femme actionnée par le mari. (Voir *suprà* chapitre V.)

La prohibition absolue des donations entre époux avait subi avec le temps quelques tempéraments. On admit d'abord que la donation pouvait être confirmée par testament : ce n'était plus alors, en effet, une donation prohibée, mais bien une libéralité testamentaire permise. Les empereurs Sévère et Antonin Caracalla allèrent plus loin encore. Un sénatus-consulte décida que la donation serait confirmée si le donateur était prédécédé sans avoir manifesté l'intention de révoquer. — C'était encore la même idée, mais la confirmation était tacite ou plutôt présumée.

Ce sénatus-consulte a soulevé une grande controverse. Doit-il être restreint aux *donationes rerum*, ou faut-il au contraire en étendre la faveur aux donations faites par promesse ou par libération?

Voici sur cette matière les différents textes invoqués. Deux lois en sens contraire sont du même auteur :

« Papinianus rectè putabat, orationem Divi Severi ad rerum donationem pertinere : denique, si stipulanti spopondisset uxori suæ, non putabat conveniri posse heredem mariti, licet durante voluntate maritus decesserit. (Ulpien, loi 23, 24, 1). »

« Oratio autem Imperatoris nostri de confirmandis donationibus, non solùm ad ea pertinet, quæ nomine uxoris à viro comparata sunt, sed ad omnes donationes inter virum et uxorem factas.... » (§ 1, loi 32, *cod. lit.*)

Et plus loin, § 23 :

« Sive autem res fuit, quæ donata est sive obligatio remissa, potest dici donationem effectum habituram : ut puta, uxori acceptum tulit donationis causà quid debeat, potest dici, pendere acceptilationem non ipsam sed effectum ejus. Et generaliter, universas donationes, quas impediri diximus, ex oratione valebunt. »

Il est rare de rencontrer une antinomie plus nette et plus frappante. Aussi a-t-on tout d'abord soutenu qu'il y avait deux sénatus-consultes, et que Caracalla aurait appliqué aux donations par promesse et libération, l'*oratio Severi* qui dans le principe ne s'appliquait qu'aux *donationes rerum*. — Cette explication ne peut se soutenir en présence des textes qui supposent tous l'existence d'un seul sénatus-consulte. (Lois 23, 32, 33 *in principio*, livre 24, tit. 1.

Restent donc les deux systèmes : l'un restrictif, l'autre extensif.

Nous adopterons ce dernier système. Les deux §§ 1 et 23 de la loi 32 sont formels en notre sens, il ne nous reste donc qu'à expliquer la loi 23.

Nous ferons remarquer que les deux lois étant du même auteur, dans le même titre, prévoyant la même hypothèse, il y a évidemment dans le texte de l'une d'elles, altération ou interpolation. Si nous insistons sur ce point, c'est que nous ne sommes point partisan du mode d'interprétation qui consiste à considérer comme altéré ou fautif tout texte embarrassant. Ici, nous le répétons, l'altération est manifeste; s'il arrive tous les jours à nos plus grands auteurs de se contredire, cette faiblesse était moins commune chez les Romains, et on ne peut accuser Ulpien d'avoir émis deux opinions contradictoires en une matière aussi importante et aussi usuelle.

Reste à examiner de quel côté est l'interpolation, quel texte a été altéré. Il n'est pas besoin d'un examen bien minutieux pour reconnaître que l'altération ne peut exister que dans la loi 23. Dans cette loi, Ulpien rapporte une opinion de Papinien, et il l'approuve; toute la difficulté est donc dans le mot *recte*, qui, sans doute, a été ajouté par les compilateurs de Justinien, pour se conformer à la Constitution ancienne, qui frappait d'ostracisme les notes de Paul et d'Ulpien sur Papinien. Probablement, Ulpien, après avoir rapporté l'opinion de Papinien, la faisait suivre d'une réfutation qui aura été retranchée à dessein. Remarquons, d'ailleurs, que le mot *recte* ne se trouve que dans la première phrase, où il est dit que le sénatus-consulte s'applique aux *donationes rerum*. Lorsque Papinien déclare ensuite qu'il n'en est pas de même pour les autres donations, Ulpien se contente de mettre *putabat*, sans approuver l'opinion qu'il rapporte. On pourrait donc, en prenant le texte tel qu'il est, le concilier avec la loi 32. — Quoiqu'il en soit, la controverse qui s'était élevée même du temps des jurisconsultes, fut tranchée dans la *novelle* 162 par Justinien, qui admit l'interprétation la plus large.

B. NÉCESSITÉ D'UN MODUS.

Il était important de connaître la quotité d'une donation, tant pour déterminer si le taux de la loi Cincia était dépassé, que parce qu'au-dessus de 300, et plus tard de 500 solidi, il y avait lieu à l'insinuation.

Cette détermination de la quotité de la donation avait peu d'importance au point de vue de la loi Cincia, lorsque la donation était faite par acceptilation. La loi Cincia, en effet, n'avait pas de sanction directe, et la prohibition ne pouvait être efficace qu'autant que le droit civil offrait au donateur un moyen quelconque de revenir sur sa libéralité. Or, l'extinction *ipso jure* résultant de l'acceptilation, était définitive, et il ne pouvait y avoir lieu ni à exception, ni à réplique.

L'insinuation elle-même était-elle imposée au donateur procédant par acceptilation ?

Voici le texte sur lequel on s'est appuyé pour nier la nécessité de l'insinuation :

« Modestinus respondit creditorem futuri temporis usuras et remittere, et minuere pacto posse : nec in ea donatione summâ quantitatis aliquid vitâ incurrere. » (Loi 23, 39, 5.)

Nous ne pouvons partager cette opinion. Il s'agit ici d'un pacte et non d'une acceptilation, la solution même donnée par la loi dans un cas particulier fait présumer qu'il n'en était pas de même dans la généralité des cas, enfin les ex-

pressions du texte sont vagues et s'appliquent aussi bien à
la loi Cincia qu'à l'insinuation.

Il faudra donc évaluer en argent l'avantage que la remise
a procuré au débiteur. Mais que décider s'il était insolvable?
les lois 31 §§ 1 et 4, 30,6, et 22 § 3, 35,2 ne font aucune distinction. Le passif étant diminué, la valeur positive de l'ensemble du patrimoine se trouve augmentée. « Capere enim
videtur eo quod liberatur. »

C. POSSIBILITÉ DE RÉVOCATION.

L'acceptilation, en tant que donation, est soumise à la
révocation émanant soit du donateur, soit d'un tiers lésé. De
la part du donateur les causes de révocation sont les mêmes
que pour les *donationes rerum.*

Quant aux tiers, ils peuvent obtenir une révocation partielle ou intégrale, soit que, proches parents, ils veuillent
maintenir l'intégrité de leur légitime entamée par des donations excessives, soit que, créanciers, ils veuillent faire
annuler une donation faite en fraude de leurs droits.

Nous dirons quelques mots seulement de cette dernière
hypothèse, parce que le titre du Digeste qui lui est consacré
contient des textes relatifs à l'acceptilation.

La loi 1 § 2, 42,8, s'exprime ainsi : « Quod cumque igitur
fraudis causâ factum est, videtur his verbis revocari, qua-
lecumque sit; sive ergo rem alienavit, sive acceptilatione
vel pacto aliquem liberavit. »

Nous n'avons pas à indiquer ici les conditions d'admissi-
bilité de l'action Paulienne, nous nous bornerons à rappeler
qu'il peut y avoir dans cette matière un grand intérêt à savoir si l'acceptilation a été faite à titre gratuit ou à titre
onéreux.

Il est question de l'acceptilation spécialement dans deux
lois du titre *quæ in fraudem cred.*

L'une, la loi 10 § 14 suppose qu'une femme créancière de
son futur mari, lui fait acceptilation *dotis causâ;* les créan-

ciers de la femme auront l'action Paulienne contre le mari, ce qui suppose, étant donné le caractère à titre onéreux de la constitution de dot vis-à-vis du mari, que celui-ci était complice de la fraude. Nous aurons, du reste bientôt à revenir sur la constitution de dot.

La loi 25 *Princip.* prévoit plusieurs hypothèses que nous allons passer en revue rapidement.

Un fidéjusseur et un débiteur principal ont reçu en connaissance de cause, une acceptilation frauduleuse : l'action sera accordée aux créanciers contre chacun d'eux. Si le débiteur principal est seul de mauvaise foi, seul il pourra être actionné. Mais supposons le cas inverse : le débiteur principal est de bonne foi. Si le fidéjusseur poursuivi est insolvable, il y aura lieu à recours contre le débiteur principal. Cette solution s'explique par cette considération que le débiteur principal est un donataire, tandis que le fidéjusseur trouve dans l'acceptilation un *damnum vitandum* plutôt qu'un *lucrum captandum.* La bonne ou mauvaise foi du débiteur n'est donc pas à considérer, tandis qu'il en est autrement pour le fidéjusseur.

« In duobus autem reis, dit notre loi 25, par utrius que causâ est. »

L'acceptilation faite à l'un des débiteurs d'une obligation *corréale* profite à tous. Chacun d'eux, étranger ou non à la fraude, pourra donc être poursuivi par les créanciers du créancier qui a consenti à l'acceptilation. — (Conf. Demangeat, *Obl. solid.* p. 355.)

II. — Donations a cause de mort.

On peut accorder à un débiteur sa libération sous la forme d'une donation à cause de mort. (Loi 24, 39, 6.)

Il est évident d'ailleurs que l'acceptilation, consentie à titre de donation à cause de mort, est soumise à la condition tacite du prédécès du donateur, puisque cette condition est de l'essence de la donation à cause de mort.

Mais la condition peut être au gré des parties, ou suspensive, ou résolutoire. « Quod debitori acceptum factum esset mortis causâ, » dit la loi 24, 39, 6, « si convaluerit donator, etiam tempore liberato ei potest condici ; » c'est l'hypothèse d'une condition suspensive, la libération a été immédiate et définitive ; si au contraire les parties avaient adopté la condition résolutoire, il y aurait lieu, à l'événement de la condition, non plus à une *condictio*, mais à l'action de l'ancienne créance.

L'acceptilation consentie *mortis causâ* a tous les caractères de la donation à cause de mort. Elle est permise entre époux (lois 10 *in fine*, 11 *princ.* 24, 1) ; elle est, sinon dans son essence, au moins dans sa nature, révocable à la volonté du donateur.

III. — Legs de libération.

L'effet du legs de libération se borne à donner au légataire le droit d'obtenir de l'héritier, par une *condictio ex testamento* (loi 3, § 3, 34, 3), sa libération au moyen d'une acceptilation ou d'un pacte suivant les cas.

Le légataire est, en outre, muni d'une exception de dol pour repousser toute poursuite de l'héritier.

Mais la *condictio* survit à l'exception de dol (loi 5, § 6, 11, 4) ; l'acceptilation met en outre le légataire à l'abri de toute crainte de contestation sur la validité du legs. Mais, d'autre part, l'effet irrévocable de l'acceptilation rend impossible toute renonciation au legs.

Nous devons maintenant examiner le cas où la dette grevait plusieurs débiteurs, soit *correi*, soit principaux et accessoires, et celui où figurent dans l'obligation un esclave ou un fils de famille.

Première hypothèse. — Deux ou plusieurs *correi promittendi*.

Si le legs s'adresse à tous les débiteurs, même non désignés nominativement (loi 3, § 1), il est certain en principe que chacun aura le droit d'exiger l'acceptilation qui le libérera ainsi que tous les autres.

Voici cependant une hypothèse délicate : c'est celle de la loi 20, 34, 3, que nous avons déjà rencontrée. Un testateur ayant deux débiteurs corréaux, dont l'un est privé du *jus capiendi*, lègue à tous deux la libération. Dans ce cas, de deux choses l'une : ou il n'y a pas société entre les débiteurs, alors l'héritier est obligé de déléguer l'incapable à celui qui a le *jus capiendi*, de telle sorte que le *cœlebs* reste seul tenu pour le tout envers son co-légataire ; ou bien les débiteurs sont *socii*, alors c'est une extinction complète, *erga omnes*, qu'il faut obtenir au moyen d'une acceptilation, de telle sorte que l'incapable profitera du legs par voie de consé-quence.

Supposons maintenant le legs fait à un seul des co-débi-teurs. S'il est fait à l'incapable, l'obligation reste entière au profit de la personne qui, d'après les principes généraux, doit profiter de la caducité du legs.

Si, au contraire, il est fait à un légataire capable, il faut encore (loi 3, § 3 *hoc tit.*) examiner s'il y a ou non société. S'il n'y a pas société, le légataire pourra opposer l'exception de dol, ou obtenir par la *condictio*, non pas une acceptilation qui libérerait contre le gré du testateur le co-débiteur non légataire, mais un pacte de *non petendo*. En cas de société, l'héritier n'a plus d'intérêt à refuser l'acceptilation, car le pacte produirait le même effet *erga omnes*.

Dans cette dernière hypothèse, le résultat obtenu sera donc le même que si la libération avait été léguée aux deux débiteurs. Il y a cependant cette différence que le débiteur non légataire ne bénéficiant du legs que par voie indirecte, il pourra bien, il est vrai, opposer l'exception de dol, mais ne pourrait agir *ex testamento*.

Nous avons vu plus haut, dans la loi 12, §3, *de inoff. test.*, l'intérêt qu'il peut y avoir à distinguer le cas où la libéra-tion résulte du legs ou de l'acceptilation.

Deuxième hypothèse. — Un débiteur principal et un fidéjusseur.

Premier cas : Le legs s'adresse au débiteur principal ; celui-ci, pour éviter d'être soumis au recours du fidéjusseur, pourra exiger l'acceptilation. (Loi 5, *princ.* 34, 3.)

Le pacte de *non petendo* serait cependant suffisant au cas où, pour une cause ou pour une autre, le fidéjusseur serait privé de ce recours.

Second cas : Le legs ne s'adresse qu'au fidéjusseur. (Loi 5, § 1, *princ.*) Le fidéjusseur n'ayant aucun recours à craindre, ne pourra exiger qu'un simple pacte : l'acceptilation ne pourrait être exigée que dans les cas exceptionnels où ce recours existerait ; si, par exemple, le prétendu fidéjusseur se trouve être en réalité le débiteur principal, ou s'il est *socius* du débiteur principal.

Troisième hypothèse. — Deux débiteurs unis par les liens de puissance paternelle ou dominicale.

Le créancier lègue la libération au fils de famille. Celui-ci pourra exiger l'acceptilation. Mais le créancier avait deux actions, l'une contre le fils, *in solidum*, l'autre contre le père, *de peculio* (loi 44, 15, 1) : le père sera également libéré, ce qui est équitable, puisque son obligation n'est qu'une conséquence de celle du fils. L'action contre le père est *adjectitiæ qualitatis* : permettre au créancier d'agir contre le père, ce serait en réalité enlever au fils le bénéfice de la libération, puisqu'il serait exposé au recours du père. Il faudrait cependant admettre la solution contraire, et s'en tenir au simple pacte, s'il était bien démontré que le legs ne s'adressait qu'au fils, et que le testateur n'a pas voulu que le père en profitât. (Loi 5, § 3, 34, 3.)

Si le legs de libération s'adresse exclusivement au père, lui seul doit en profiter, et il n'y a point lieu à acceptilation. (Loi 5, § 2.)

En ce qui concerne l'esclave, deux cas sont à prévoir : ou le legs s'adresse à l'esclave, le maître aura alors la *condictio ex testamento*, pour obtenir une libération absolue au moyen de l'acceptilation ; ou le legs est fait au maître, celui-ci pourra alors demander un pacte de *non petendo in personam*, laissant subsister l'obligation naturelle de l'esclave.

Indépendamment du legs de libération, il arrive parfois que le magistrat oblige le créancier à consentir une acceptilation. Voici quelques espèces : La loi 3, *de cond. sinè causâ*, donne au débiteur, qui s'est obligé sans cause ou au-delà de sa part, une *condictio incerti*, à l'effet d'arriver par une acceptilation à une libération intégrale ou partielle.

Voici encore un texte d'Ulpien :

« Si quis per vim stipulatus, cùm acceptum non faceret fuerit in quadruplum condemnatus ; ex stipulatu cum agentem adversùs exceptionem eum adjuvari replicatione Julianus putat : quam in quadruplo in simplum reus sit consecutus. Labeo autem etiam post quadrupli actionem nihil ominùs exceptione summovendum eum qui vim intulit dicebat ; quod cùm durum videbatur ità temperandum est ut tam tripli condemnatione plectatur, quam acceptilationem facere omni modo compellatur. »

Une personne a arraché par la violence une promesse. Le débiteur, ne pouvant obtenir acceptilation du créancier, intente contre lui l'action *quòd metus causâ*. Il obtient condamnation au quadruple. Mais le créancier conserve, d'après Julien, son action *ex stipulatu*, et à l'exception *quòd metus causâ*, il opposera une réplique. Labeon, plus sévère, refusait cette réplique au créancier. Ulpien propose le tempérament suivant : Le créancier ne sera condamné qu'au triple, mais il pourra être contraint à consentir acceptilation.

IV. — CONSTITUTION DE DOT.

Les limites restreintes de notre sujet ne comportent pas l'examen des graves questions que soulève l'obligation de doter : nous sommes d'autant moins disposé à les aborder, qu'au point de vue spécial de l'acceptilation, le caractère gratuit ou onéreux de la dot ne présente qu'un intérêt de classification. Nous nous bornerons donc à commenter quelques-uns des textes les plus importants.

« Acceptilatione dos constituitur, cùm debitori marito acceptum feratur dotis constituendæ causâ. (Loi 41. 23. 3.)

Lorsque la dot est ainsi constituée, l'acceptilation est soumise à une sorte de condition tacite « si nuptiæ secutæ sunt, » car pour qu'il y ait dot, il faut qu'il y ait mariage. Quel sera donc le sort de l'acceptilation si le mariage n'a pas lieu? Cette question peut se présenter sous cette forme : la condition est-elle suspensive ou résolutoire? Dans le premier cas, l'effet de l'acceptilation étant subordonné à l'accomplissement du mariage, si celui-ci ne s'ensuit pas, la créance n'a jamais été éteinte, et la femme conservera son action. Si, au contraire, la condition est résolutoire, l'extinction a été immédiate, définitive, l'acceptilation a été pure et simple, *pura quæ sub conditione resolvitur*. La femme ne pourra donc reprendre son action; mais il lui en sera accordé une autre, et l'effet sera bien différent : les sûretés et garanties qui entouraient la créance primitive seront détruites dans le second cas, la femme aura pour unique ressource la *condictio causâ data causa non secutâ*.

La loi 13, 23, 3, s'exprime en ces termes : « Licet soleat dos per acceptilationem constitui, tamen si antè matrimonium acceptilatio fuerit interposita, nec nuptiæ secutæ, Scævola ait, matrimonii causâ acceptilationem interpositam nullam esse, atque ideò suo loco manere obligationem : quæ sententia vera est.»

La condition est donc considérée comme suspensive :

Voici maintenant le texte de la loi 10, 12, 4 : « Si mulier ei, cui nuptura erat, cùm dotam dare vellet, pecuniam quæ sibi debebatur acceptam fecit, neque nuptiæ insecutæ sunt, rectè ab eo pecunia condicetur : quia nihil interest, utrùm ex numeratione ad eum pecunia senè causâ, an per acceptilationem pervenerit. »

C'est donc une condition résolutoire.

Pour détruire l'antinomie, nous dirons avec Cujas, avec M. Pellat (textes sur la dot, p. 182), et M. Bufnoir (théorie de la condition, p. 58, note 1), qu'il dépend absolument de la volonté des parties de faire produire à l'acceptilation un effet immédiat ou simplement éventuel, en un mot de la soumettre à une condition soit suspensive, soit résolutoire.

Nous avons rencontré plus haut une espèce analogue.

Le § 1 de la même loi examine le cas où la dot est constituée au moyen de l'acceptilation, non plus par la femme mais par un étranger. La solution est la même, à moins, dit la loi, que le constituant n'ait voulu, quoiqu'il arrive, faire une donation à la femme. Dans ce cas, si le mariage ne s'ensuit pas, la libération sera définitive, puisque telle est l'intention du constituant; mais comme la condition tacite fait défaut, la femme aura la *condictio sine causd*.

Mais une objection pouvait être faite. La femme ne pouvait acquérir une action par l'intermédiaire d'une personne libre. Ulpien répond qu'il y a ici en quelque sorte tradition. *brevi manu :* la femme a reçu du constituant le montant de la créance, payé fictivement à celui-ci par le futur mari, et l'a ensuite donné à ce mari.

Si le mariage a lieu, la femme à la dissolution aura l'action *rei uxoriœ.* La même objection ne peut se présenter, car la règle qu'on ne peut acquérir par un *extraneus* ne peut s'appliquer à l'action *rei uxoriœ* qui ne dérive ni d'un contrat ni même d'une convention (Pellat, textes sur la dot).

Mentionnons en terminant un dernier texte qui du reste n'offre aucune difficulté : c'est la loi 49, 23, 3. « Vir ab eo qui uxori ejus dotem facere volebat certam pecuniam eo nomine stipulatus est, deindè acceptam eam fecit, quaerebatur esset ne ea pecunia in dotem. Respondit : si acceptam fecisset, et promissor solvendo esse desisset, quaereremus an culpâ mariti ea pecunia exacta non esset; quum verò acceptam fecit, omni modo periculum ad eum perti-

nebit ; perindè enim est ac si acceperit pecuniam, et eam-
dem promissori donaverit. »

Il faut supposer que le mari n'a pas fait acceptilation par
ordre de sa femme, sinon la responsabilité retomberait sur
celle-ci (loi 36).

Hors ce cas, il est évident que le mari est responsable : il
lui a plu de faire une donation, il devra restituer la valeur
lors de la dissolution du mariage, et il n'y a pas lieu à examiner s'il y a une négligence quelconque à imputer au
mari, puisque l'acte de celui-ci est volontaire.

V. — TRANSACTION.

L'acceptilation était souvent employée dans la transaction. Les parties employaient volontiers ce mode irrévocable
et absolu pour opérer l'extinction des créances litigieuses
qui avaient donné lieu au débat.

Il arrivait aussi fréquemment que l'acceptilation interve-
nait après une convention portant que le débiteur à qui serait faite la remise donnerait en échange un *expromissor*,
ou déléguerait son propre débiteur : Loi 4, 12,4. Loi 8, § 8,
16,1. Loi 0, 10,5.

Voici l'hypothèse prévue par cette dernière loi :

« Ob eam causam accepto liberatus, ut nomen Titii debi-
toris delegaret, si fidem contractus non impleat, incerti actione tenebitur : itaque judicis officio non vetus obligatio
restaurabitur, sed promissa præstabitur, aut condemnatio
sequetur. »

Le sens de ce texte, si remarquablement rédigé, est fort
clair. Un débiteur qui avait été libéré par une acceptilation
parce qu'il avait été convenu entre le créancier et lui qu'il
déléguerait Titius à sa place, refuse de faire cette délégation. Le créancier aura contre lui l'action *præscriptis verbis*,
pour le forcer soit à accomplir cette délégation, soit à payer
une somme équivalente à l'intérêt qu'a le créancier à ce

que la délégation soit faite. De là notre savant maître, M. Accarias, conclut que l'action *præscriptis verbis* était une action arbitraire, opinion que nous partageons, mais dont la discussion serait ici déplacée.

L'ancienne action, dit la loi 9, ne pourra revivre : mais le créancier ne pourrait-il pas obtenir le même résultat au moyen de la *condictio causâ datâ causâ non secutâ?*

En principe cette action n'était pas admise dans les contrats innommés *facio ut facias*, car un *factum* ne peut être l'objet d'une répétition. Néanmoins les textes semblent faire exception pour le cas où le fait accompli est une acceptilation ; ainsi la loi 4, 12,4, accorde la *condictio* au créancier qui a fait acceptilation, comptant sur un *expromissor* qu'on ne lui fournit pas, ou qui est incapable de s'obliger à ce titre, comme la femme. Loi 8, §8, 16,1. — L'analogie est telle, qu'il nous paraît impossible de refuser la *condictio* au créancier dans l'hypothèse de notre loi.

Cette exception, en vertu de laquelle l'acceptilation est assimilée à une *datio* comme pouvant donner lieu à une *condictio*, est parfaitement justifiée : le débiteur est réputé s'être libéré en livrant la chose due, et le créancier la lui avoir immédiatement retransférée pour faire naître l'obligation.

FIN.

Charleville, Typographie A. POUILLARD.

DROIT FRANÇAIS

DE LA PROPRIÉTÉ LITTÉRAIRE

AVANT-PROPOS

Tant de discours, en Parlement et en Congrès; tant d'articles de journaux, de livres et parfois de pamphlets, se sont accumulés en ce qui concerne la propriété littéraire, qu'en cette matière il ne reste guère permis à personne, et à nous moins qu'à tout autre, de revendiquer le titre d'auteur. Même en se restreignant aux controverses juridiques, on n'a désormais ici, comme sur bien d'autres points de jurisprudence, qu'à choisir, plutôt qu'à créer. Mais les méditations qui doivent préparer le choix, les objections que ce choix peut susciter, ouvrent une carrière assez vaste pour qu'elle nous suffise, et au-delà. Nous essaierons donc surtout de faire du droit. La simplicité du droit ne comportant pas la coquetterie de prétentions libérales, nous n'examinerons point si l'idée libérale est du côté des gens de lettres ou dans le sens de l'intérêt du public. Humble interprète de la loi existante, et non initiateur de lois à faire, nous ne serons entraîné à imiter, dans leurs exagérations de langage, ni ceux qui, se posant en amis des lettres, en Mécènes à bon marché, réclament pour les écrivains une propriété perpétuelle; ni ceux qui, par une mise en scène inverse, se donnent, quand ils veulent restreindre le privilége des auteurs, comme les champions de l'instruction universelle, quelque indifférent que soit le véritable intérêt du peuple au bas prix des romans et même des tragédies. — Si nous effleurons l'indication de ces opinions et de ces manifestations, si même nous résumons l'historique de la propriété littéraire, c'est que ces préliminaires et ces aperçus nous ont semblé nécessaires pour éclairer notre marche au milieu des discussions sur le droit positif.

PREMIÈRE PARTIE

GÉNÉRALITÉS
DÉFINITION DE LA PROPRIÉTÉ LITTÉRAIRE

La loi accorde aux auteurs ou aux ayant-cause des auteurs d'œuvres littéraires ou artistiques, le droit exclusif et temporaire d'exercer ou permettre d'exercer ceux des modes de publication ou de reproduction qui tombent sous l'action de la police publique.

La propriété littéraire n'est pas une propriété; le droit des auteurs n'est qu'une création législative : c'est la part de droits justement attribuée par la société moderne, à l'auteur d'une œuvre artistique ou littéraire sur les profits qui peuvent en être retirés à l'occasion de la reproduction.

Appliqué aux écrits, ce droit se nomme, en Angleterre, droit de copie ; en Allemagne, droit d'impression, de multiplication : *Verlagsrecht Vervielfältigungsrecht.* La loi du 11 juin 1870, applicable à la Confédération du Nord, le désigne sous le nom de droit d'auteur.

L'usage, depuis la fin du dernier siècle, a introduit chez nous le nom plus ambitieux de propriété littéraire. De ce mot, on a déduit une théorie récente que nous rencontrerons au chapitre II.

Avant tout, nous devons exposer en quelques pages l'historique de la question. Nous serons, par là, tout naturellement conduit à examiner quelle est, dans notre législation, la nature juridique du droit qualifié de propriété littéraire.

CHAPITRE I.

HISTORIQUE DE LA PROPRIÉTÉ LITTÉRAIRE.

Lorsque la littérature a commencé par des poésies que récitaient les rapsodes, l'hospitalité et les dons que recevaient les poètes, étaient le prix d'un plaisir ou d'un éloge. Mais n'est-ce pas remonter un peu haut que de voir là un hommage primitif à la propriété littéraire ? Car l'auteur ne se réservait pas le droit exclusif de réciter ses vers quand l'auditeur les avait recueillis, et Homère ou sa race ne réclamait pas un droit exclusif de prélibation sur les tables hospitalières où s'asseyaient les rapsodes.

A Rome, les copistes étaient nombreux ; Atticus employa, dit-on, cinq cents esclaves à ce labeur. Il paraît bien que les auteurs tiraient profit de leurs ouvrages en traitant avec les bibliopoles, qui employaient ces copistes. Néanmoins on ne voit, dans les lois romaines, aucune trace d'un droit exclusif à eux réservé pour la reproduction. Si Virgile se plaint de ce qu'un poète obscur, *tulit honores*, d'un distique élogieux qu'il avait composé, il lui reproche d'avoir emprunté son nom, non d'avoir multiplié les exemplaires de l'œuvre. L'épithète de plagiaires (voleurs d'enfants), spirituellement appliquée par Martial à ceux qui volaient les vers d'autrui, ne concernait pas ceux qui, sans la permission d'un auteur, reproduisent ou vendent son œuvre sans dissimuler son nom.

La barbarie relégua les copistes au fond des monastères ; plus tard, ils se multiplièrent autour des Universités. Un volume in folio, qui coûtait au xiiie siècle 400 ou 500 francs de notre monnaie, coûta cinq fois moins au xve siècle, quand Paris et Orléans réunissaient dix mille copistes. Il paraît bien que l'Université exerçait une police sur les copistes, et accordait une rétribution aux libraires, *suppôts* de l'Université, obligés de livrer les exemplaires à quiconque voulait les transcrire ; mais on ne voit rien là qui profitât aux auteurs.

Lorsque l'imprimerie parut, la vulgarisation qui en résulta, attira sur ce procédé, que la royauté d'alors, ne prévoyant pas le mot « Ceci tuera cela, » appelait une invention divine, l'attention de l'autorité au double point de vue de la surveillance et de l'encouragement. — L'imprimeur ou le libraire obtint, à charge d'une taxe de chancellerie, le privilége d'imprimer tel ou tel ouvrage, après une permission qui, délivrée d'abord par l'Université, n'émana plus depuis 1612, que du roi, sur l'avis des censeurs royaux.

Des lois nombreuses, depuis l'ordonnance de Moulin jusqu'au réglement de 1723, défendirent d'imprimer ou de vendre les livres sans lettres de privilége scellées du grand sceau, à peine de confiscation, d'amende, etc. Les priviléges et leurs cessions étaient enregistrés par les syndics des imprimeurs et libraires. — La durée des priviléges était variable ; souvent ils étaient continués à peu près indéfiniment. Mais les libraires non privilégiés réclamaient, soutenant qu'ils avaient dû compter sur l'extinction du privilége. De là, des contestations fréquentes devant les Parlements, qui donnèrent très-souvent gain de cause aux non-privilégiés. Le conseil du roi, au contraire, admettait la validité de la prolongation de privilége. En 1618, on parut s'accorder à admettre la doctrine des Parlements ; des statuts de libraires approuvés par le roi défendirent le renouvellement si le livre n'était très-augmenté. Toutefois, des continuations de priviléges furent encore accordées ; en 1647, le roi déclara qu'il se réservait le droit de prolongation. Dans le cours du xvii° siècle, on finit par transiger. Un arrêt du Conseil du 27 février 1665, décida que pour les *livres anciens*, il ne pourrait y avoir continuation de privilége, à moins que l'ouvrage n'ait subi des augmentations ou corrections sérieuses. Un arrêt du Conseil de 1671, qualifia livres nouveaux ceux dont la publication était postérieure à la date de l'impression du premier livre en France (1470).

Ces dispositions restèrent longtemps en vigueur. La lutte avait cessé, du reste, depuis que l'arrêt de 1665 avait rendu le Conseil du roi compétent en cette matière. Un arrêt de 1723 finit par rendre cette compétence obligatoire (¹).

Les auteurs profitaient de ces priviléges donnés aux libraires, quand ils étaient assez accrédités pour faire payer leur choix à un libraire. Mais beaucoup de gens de lettres, au xvii° siècle, dédaignaient ce lucre mercantile, trouvant plus honorables les pensions de la cour et la commensalité des grands. Labruyère donnait pour

_____

(¹) M. Lyon-Caen à son cours. Nous saisissons cette occasion pour rendre hommage à ce savant maître dont le cours si élevé et si clair nous a été de la plus grande utilité pour ce travail.

dot à la fille de son libraire, son livre *Des Caractères*. Boileau flétrissait les gens de lettres qui

> Mettent leur Apollon aux gages d'un libraire,
> Et font d'un art divin un métier mercenaire.

Il écrivait à Colbert (¹), en 1674 qu'il ne se souciait pas d'un privilége pour l'art poétique. Toutefois, il reconnaissait ailleurs,

> ....qu'un auteur peut sans crime,
> Tirer de son travail un profit légitime.

Au XVIII° siècle, l'esprit d'indépendance pousse les écrivains à s'enrichir de leurs œuvres. Linguet raconte que l'*Encyclopédie* valut 200,000 livres à d'Alembert.

Des plumes habiles, affirmèrent alors le droit direct des auteurs et de leurs familles (²).

Un arrêt du Conseil de 1761 reconnut aux descendants de La Fontaine un droit sur ses œuvres, à raison de ce que le privilége du libraire Barbin n'existait plus. Mais la communauté des libraires fit opposition, et Diderot, tout en proclamant que la propriété des ouvrages appartient à l'auteur et aux siens, soutint la perpétuité des priviléges accordés aux premiers éditeurs. Déjà, c'étaient les libraires de Paris qui avaient chargé l'avocat d'Héricourt de soutenir la perpétuité ou la longue durée de leurs priviléges contre les réclamations des libraires de province. D'Héricourt insinua que le libraire n'est pas

(¹) Corresp. adminis. sous Louis XIV, par Depping.

(²) Comme celle de l'abbé Pluquet. On mentionne un Mémoire dans le même sens, rédigé par Malesherbes, alors directeur de la librairie. Quant à Turgot, les mots qu'il a écrits sur la propriété la plus sacrée, la plus imprescriptible, s'appliquent au travail en général, ils sont tirés du préambule de l'édit supprimant les corporations d'arts et métiers, et non d'un document relatif à la propriété littéraire.

propriétaire en vertu du privilége royal, mais en vertu
de l'achat du manuscrit.

Les arrêts du Conseil de 1777, 1778, favorisant les
libraires de province, bornèrent à dix ans la durée ordinaire des priviléges ; mais l'auteur pourra obtenir le
privilége en son nom, et en jouir, lui et ses hoirs, à perpétuité, à charge de ne pas céder ce privilége et de ne
vendre que chez lui : c'était la perpétuité pour l'auteur
seul, non pour le cessionnaire. Linguet dans son journal, créa en 1777, le mot de propriété littéraire, en
protestant contre ces restrictions.

Quant au théâtre, l'auteur, dès l'antiquité, put imposer
des conditions aux acteurs. Une pièce de Térence, fut
vendue, dit-on, 20,000 sesterces. Les comédiens se plai-
gnaient, au xvii' siècle, d'acheter les pièces de Corneille
plus cher que celles de Hardy. Quinault s'assura, par un
traité, le neuvième du produit des représentations. Des
arrêts du Conseil de 1757 et autres, sur les théâtres de
Paris, dirigés par les gentilhommes de la Chambre, adop-
tèrent des combinaisons dangereuses pour les auteurs :
Les comédiens durent payer une redevance à l'auteur, à
moins que la pièce ne fût tombée trois fois *dans les règles*, c'est-à-dire à un certain minimum de recettes ;
alors elle appartenait aux comédiens. Beaumarchais
se mit à la tête d'un bureau de législation dramatique,
et publia des pamphlets dont la verve, jointe à la gravité
des mémoires de Henrion de Pansey pour Mercier, firent
en 1780 et 1784 augmenter les avantages des auteurs.

En 1789, les priviléges s'écroulent avec le régime de
la chancellerie et de la librairie. Les auteurs apparais-
sent enfin au premier rang ! On proclama solennellement
leur propriété, mais en en bornant la durée.

Rapporteur de la loi de janvier 1791 sur les droits des

inventeurs en tous genre, Boufilers déclara que l'arbre qui croît dans un champ n'appartient pas plus au maître de ce champ, que l'idée qui vient dans l'esprit d'un écrivain n'appartient à cet auteur. Puis il ajoute que l'homme « protégé par la société, doit s'acquitter envers elle en « partageant le fruit de ses travaux, que la forme de ce « partage est que l'auteur jouisse pendant un certain « temps du fruit de son œuvre, et qu'après cet intervalle « le public entre en jouissance. »

Le Chapelier, rapporteur de la loi 1791 sur les spectacles, prononça ces paroles : « La plus sacrée, la plus « légitime des propriétés, c'est l'ouvrage, fruit de la « pensée de l'écrivain. Cependant c'est une propriété « d'un genre tout différent des autres. Quand un auteur « a livré son ouvrage au public, que les hommes en ont « confié les traits à leur mémoire, il semble que dès ce « moment, l'écrivain a associé le public à sa propriété, « ou plutôt la lui a transmise toute entière. Cependant, « comme il est juste que les hommes qui cultivent le do-« maine de la pensée tirent quelque fruit de leur travail, « il faut que pendant leur vie et quelque temps après « leur mort, personne ne puisse sans leur consentement « disposer du produit de leur génie ; mais après le délai « fixé, la propriété du public commence, et tout le monde « doit pouvoir publier les ouvrages qui ont contribué à « éclairer l'esprit humain. »

Ce délai fut fixé à cinq ans après la mort de l'auteur.

La loi du 19 juillet 1793 eut pour rapporteur Lakanal : il proclama que de toutes les propriétés la moins contestable est celle qui porte sur les productions du génie. Cette loi, étendue bientôt aux ouvrages dramatiques, accorde aux auteurs d'écrits en tous genres, compositeurs de musique, artistes faisant graver des tableaux ou des-

sins, le droit exclusif de vendre leurs ouvrages ou d'en
céder la propriété. Leurs héritiers ou cessionnaires joui-
ront du même droit pendant dix ans, à compter du décès
de l'auteur.

Le décret, loi par le silence du Sénat, du 5 février
1810, organisant la censure et assujettissant à l'ob-
tention d'un brevet les imprimeurs et libraires dont il limi-
tait le nombre, crut bon de donner une compensation
aux auteurs. Le droit de propriété fut garanti à l'auteur
et à sa veuve pendant leur vie, si toutefois les conventions
matrimoniales accordent ce droit à la femme, et à leurs
descendants pendant vingt ans. Lors de la discussion au
Conseil d'Etat, Napoléon disait : « La perpétuité de la
« propriété dans la famille des auteurs aurait des in-
« convénients. Cette propriété incorporelle se trouvant
« par le cours des successions divisée en une multitude
« d'individus, finirait en quelque sorte par ne plus exis-
« ter pour personne. Car, comment un grand nombre de
« propriétaires, souvent éloignés les uns des autres, et
« qui, après quelques générations, se connaissent à
« peine, pourraient-ils s'entendre pour réimprimer
« l'ouvrage de leur auteur commun ! Cependant, s'ils
« n'y parviennent pas, et qu'eux seuls aient le droit
« de le publier, les meilleurs livres disparaîtront insensi-
« blement de la circulation. »

Une commission fut formée en 1825 avec un programme qui semblait l'inviter à répudier les lois de la
Révolution, et à restaurer, en écartant les restrictions,
les priviléges tels que les avaient fondés les arrêts du
Conseil de 1777. Voici les conclusions que cette commission adressa à Charles X. « Peut-on assimiler la pro-
« priété d'un ouvrage à celle d'un champ ? Un tel privi-
« lége n'existe nulle part ; il nuirait à l'instruction par

« un monopole trop prolongé, il deviendrait onéreux
« pour le public ou illusoire pour les familles. » En ce
sens, s'étaient prononcés dans la commission, Royer-Col-
lard, Cuvier et Villemain. La commission étendait le
droit à cinquante ans après la mort de l'auteur.

Les travaux d'une autre commission formée en 1836,
aboutirent à la présentation, en 1839, à la Chambre des
Pairs d'un projet accordant trente ans après la mort de
l'auteur. Le projet, soumis en 1841 à la Chambre des
Députés, fut rejeté par elle lors du vote d'ensemble. La
perpétuité fut soutenue par Portalis, à la chambre des
Pairs ; mais en fait, il la détruisait en accordant, dès la
mort de l'auteur, la liberté de la reproduction, sauf redevance. Lamartine, rapporteur à la Chambre des Députés,
1841, exprima l'espoir que la perpétuité serait un jour
reconnue, mais déclara que la commission, composée de
législateurs et non de philosophes, n'avait pas fait la proclamation imprudente d'une propriété absolue et complète. La Chambre rejeta la durée de cinquante ans ; il
y eut 132 voix contre 151 pour maintenir les vingt
ans que le décret de 1810 accordait aux enfants,
mais non aux collatéraux qui conservaient leurs dix ans.

A la même époque, un bill proposant d'étendre à
soixante ans après la mort de l'auteur, le droit de reproduction, fut rejeté à la voix d'un spirituel historien, Macaulay, qui s'écriait : « La question du droit de copie
« n'est ni blanche ni noire, elle est grise : Ce système a
« de grands avantages et de grands inconvénients ; c'est
« un monopole. Les mauvais effets d'un monopole sont
« proportionnés à sa durée, c'est une taxe sur les lec-
« teurs, et une taxe excessivement mauvaise. »

Dans l'intérêt de la veuve de Boïeldieu, une loi de
1844 étendit aux veuves d'auteurs dramatiques, non le

bénéfice du décret de 1810 qui ne regardait que les livres, mais la jouissance vicennale.

Une loi de 1854 rendit la veuve survivancière à vie, pour le droit de représentation, comme elle l'était déjà pour le livre ; elle étendit la jouissance des enfants à trente ans, à partir du décès de l'auteur ou de l'extinction du droit de la veuve. Pour les collatéraux, le délai était toujours de dix ans.

Les peines prononcées par le Code pénal contre la contrefaçon, le débit, ou l'introduction d'ouvrages contrefaits, furent appliquées par un décret loi de mars 1852, aux ouvrages publiés à l'étranger. Cet acte, quoique indépendant de la réciprocité, n'empêcha pas la conclusion de nombreuses conventions internationales créant cette réciprocité.

Bruxelles cessa d'être la métropole de la contrefaçon des livres français ; et il parut piquant de réunir dans cette ville même, en 1858, un congrès de la propriété littéraire composé de plus de trois cents écrivains, savants, libraires, juristes, économistes de toute l'Europe et des États-Unis. La grande majorité rejeta la propriété perpétuelle, soutenue surtout par M. Jules Simon, et s'arrêta à une durée de cinquante ans après la mort de l'auteur.

Telle fut la base d'un projet de loi présenté à la Chambre des Représentants de Belgique, projet qui n'eut pas de suite.

En 1861, le gouvernement impérial institua une commission dont le travail eut pour drapeau la proclamation théorique de la propriété perpétuelle. Mais, dans l'application, le projet de cette commission 1862 créait deux époques successives et deux régimes disparates.

Dans la première période, comprenant la vie de l'auteur et cinquante ans après sa mort, il y a droit exclusif pour l'auteur ou ses ayant-cause de reproduire ou faire reproduire ; dans la seconde ère, d'une durée indéfinie, le droit exclusif est éteint. La reproduction est libre pour tous, à charge de payer une redevance aux représentants de l'auteur. Il n'y a plus là rien qui ressemble à la propriété ; il y a une créance fixée, non par les représentants de l'auteur, mais *à priori* par la loi. Ce n'est pas là une vraie expropriation pour utilité publique, évaluant le prix d'après la valeur au moment de la dépossession ; c'est une limitation à la durée, limitation fixée *ab initio* par la loi. Ces inconséquences, les difficultés pratiques, du système de la redevance, l'éloignement de la grande majorité du Conseil d'État pour l'idée de propriété perpétuelle, concoururent à faire rejeter ce projet, de quelque souveraines influences qu'il fût appuyé. Le Conseil d'État résuma sa pensée dans un avis du 20 décembre 1861. Malheureusement le rejet des bases du projet de la commission ministérielle entraîna la suppression de dispositions de détail qui eussent tranché utilement des questions qui restent discutées.

Le résultat de la législation en vigueur au moment où fut promulguée la loi de 1866, était donc celui-ci :

L'auteur avait, pendant toute sa vie, le droit exclusif d'autoriser la publication. Après sa mort, le droit passait à sa veuve pour toute la vie de celle-ci. Les enfants et descendants de l'auteur conservaient le droit pendant trente ans, à partir du décès du dernier mourant des époux. Les collatéraux n'avaient ce droit que pendant dix ans après la mort de l'auteur.

Ce système, résultat de la combinaison de la loi de 1854 avec la législation antérieure, amenait parfois des résultats bizarres. L'auteur, vendant le plus souvent son droit à des éditeurs, le prix qu'ils lui offraient dépendait quelquefois de la composition éventuelle de la famille. Du mariage, et surtout de la paternité de l'auteur, résultait pour son droit une plus-value possible. Sans que le législateur français eût partagé les tendances propagatrices des empereurs qui firent les lois caducaires, une prime de même nature pouvait être le résultat de notre législation (¹).

Le projet de 1866, tel qu'il sortit du Conseil d'État, se bornait à effacer ces distinctions, qui n'avaient rien de littéraire. La commission du Corps législatif grossit et modifia ce projet. Mais la loi, dans son dispositif, confirme le caractère temporaire et octroyé du droit qu'elle évite d'appeler propriété littéraire.

CHAPITRE II.

DE LA NATURE JURIDIQUE DU DROIT QUALIFIÉ DE PROPRIÉTÉ LITTÉRAIRE.

La question de savoir si le droit des auteurs constitue ou non une véritable propriété, se rattache, par son côté pratique, aux aspirations vers une législation future, puisque c'est du caractère de propriété qu'argumentent ceux qui réclament la perpétuité. La question de propriété peut avoir aussi quelque importance au point de vue de l'interprétation des lois actuelles. Si on déclare l'auteur propriétaire, il faudra, dans les questions non

(¹) Alfred de Musset s'étonnait de la modicité du prix que lui offrait un éditeur pour ses œuvres : « Mariez-vous, » répondit celui-ci.

prévues par les lois spéciales, faire dériver la solution
des principes de la propriété ordinaire, apportant aux
auteurs ses avantages, mais aussi, ce que quelques-uns
semblent oublier, ses charges, ses entraves et sa saisis-
sabilité : à tout prendre, les gens de lettres y gagne-
raient peu. Admet-on, au contraire, que le droit des
auteurs est un droit *sui generis,* distinct de la propriété,
plus noble même que la propriété d'un champ : affranchi
alors de tout point de départ imposé, de toute conséquence obligatoirement déduite, on peut librement s'inspirer, pour la solution des questions de détail, de l'équité,
du caractère particulier du droit en la personne de l'auteur, et d'une saine entente des intérêts respectifs de la
société et des auteurs.

Philosophes, jurisconsultes, hommes politiques, poètes,
économistes, éditeurs, journalistes, princes même,
tous, ont en passant lancé leur mot sur la question. Tour-
à-tour emportée sur les hauteurs sublimes, mais parfois
nuageuses, de la philosophie pure, et retombant bientôt
au niveau pratique de l'intérêt pécuniaire, la controverse
sur la nature du droit des auteurs s'est compliquée d'une
foule d'arguments de toute espèce. Les deux opinions
principales se sont disputé l'honneur de représenter le
progrès et les idées libérales : l'une favorisant l'intelligence productrice; l'autre, le public, qui ne doit pas
payer trop cher les œuvres de l'esprit, ni être privé de
leur reproduction par le caprice des héritiers.

Pour nous, qui n'avons jamais pensé que le libéralisme
fût matière de droit, nous essaierons modestement de
résumer les opinions qui comptent aujourd'hui le plus de
partisans, nous bornant ensuite à présenter les arguments qui nous ont paru se rattacher sérieusement à la
matière.

Quant aux considérations tirées de la protection à assurer aux œuvres littéraires, de l'intérêt qu'on doit accorder aux auteurs, nous les laisserons de côté, pensant que, tout compensé, dans l'une comme dans l'autre opinion, les auteurs peuvent être efficacement protégés et rémunérés. Propriétaire ou non, le talent restera à la hauteur sociale qui doit lui appartenir. Et à ce propos, on nous pardonnera, plutôt qu'à d'autres, une citation :

« Le temps (¹) n'est plus où les gens de lettres, les artistes, « souvent réduits à acheter par des flatteries et des dé-
« dicaces les grâces du Trésor ou le capricieux patro-
« nage des Mécènes, avaient plus de gloire que de con-
« sidération. Courtisans désormais du public seul, ils
« reçoivent du pouvoir, sans qu'il en coûte rien à leur
« dignité, une large part dans les fonctions et les dis-
« tinctions officielles : les maréchaux de la science et de
« l'art sont confondus, au Sénat, avec les maréchaux de
« la victoire, tandis qu'on ne voyait pas Pascal et Le-
« sueur assis sur les fleurs de lys à côté de Luxembourg.
« Le temps n'est plus où, si les Chapelain, les Bois-
« Robert étaient les mieux rentés de tous les beaux
« esprits, où si Racine et Boileau étaient les pension-
« naires et même les hôtes de Louis XIV, Lesage
« pouvait néanmoins mettre dans la bouche du poëte

(¹) Rapport au Conseil d'État, M. Riché, rapporteur. Nous devons à son obligeance paternelle la communication de documents inédits qui ne sont pas sortis de l'enceinte du Conseil d'État. Nous avons dû être abandonné à nos propres inspirations en ce qui concerne le plan et la rédaction de ce travail, ainsi que le choix des opinions. C'était de notre part, non présomption, mais prudence. Si le secours d'un des vétérans de la question eût pu nous être utile pour la confection de notre thèse, il ne nous eût pas suivi sur le champ de bataille de la *soutenance* : on soutient mieux l'opinion qui, adoptée après réflexion et étude, est devenue en quelque sorte personnelle.

« Fabrice : J'ai fait mon chemin, je suis à l'hôpital. »

« Aujourd'hui, non-seulement les écrivains en renom
« ont conquis par leurs œuvres, et ont pu conserver, s'ils
« n'ont pas été prodigues, l'aisance et l'indépendance
« que Scribe célébra et dont il offrait le modèle; mais
« même la petite propriété littéraire est cultivée avec
« fruit...... »

Le mot de propriété nous paraît plutôt une question de
décoration, d'auréole, qu'une question renfermant un
grand intérêt positif; la perpétuité du droit, perpétuité
qui est le but de la plupart de ceux qui affirment la propriété, serait plutôt un hommage rendu à la présomption
flatteuse de l'éternité de l'œuvre, qu'un avantage bien
réel. Ce n'est pas ici le lieu de discuter la valeur des
objections pratiques dirigées contre la perpétuité, qu'aucune nation n'a adoptée. Avouons, toutefois, que si nous
ne sommes pas très-ému des difficultés résultant du
nombre et de la dispersion des héritiers, parce qu'on
peut y obvier par les attributions, les licitations, nous
sommes frappé de cette considération pratique, qu'en
fait, les droits des auteurs sont souvent aliénés à des
libraires, et que ceux-ci ne payeraient pas plus cher un
droit perpétuel qu'un droit de cinquante ans. Beaucoup
d'ouvrages modernes ne semblant pas destinés à être
réédités après longues années, aucun libraire ne payera
cette chance. » Le législateur aura cru travailler pour les
héritiers de Corneille, a dit M. Wolowski, il aura tra-
vaillé pour ceux de Barbin. » Tandis que la descen-
dante de Milton mendiait, dit Macaulay, le libraire
Thompson profitait des œuvres de Milton : il faut les
acheter à la boutique de Thompson et au prix de Thompson : l'auteur est *pillaged, Society is taxed doubly*.

N'ayant pas à tracer le programme d'une législation,

mais à résumer les opinions principales, nous les trouvons au nombre de trois.

Dans la première, l'auteur d'une œuvre littéraire est en tout point assimilé au propriétaire d'une chose corporelle. La propriété corporelle dérive du travail ou de l'occupation.

L'auteur a ces deux titres. Son œuvre, c'est le produit de son talent, de son labeur; dès qu'elle est née, elle lui appartient complétement, il en est le premier occupant, l'inventeur. Dès lors, il doit être régi par le droit commun de la propriété. Celle-ci est perpétuelle, l'auteur doit être à perpétuité propriétaire; rien ne peut modifier son droit. La loi, qui limite à trente, cinquante ans, le droit de l'auteur, viole la propriété; elle est d'un funeste exemple, car demain une loi peut, rien que par analogie, porter atteinte à la propriété foncière. Or, la propriété littéraire est la plus sacrée, la plus authentique des propriétés. Antérieure, supérieure, inaccessible à la loi, elle ne peut dériver d'elle; on ne peut la modifier, on ne peut que la réglementer et punir ceux qui la méconnaissent.

La seconde opinion n'est qu'une transaction. Le droit des auteurs est une véritable propriété, une propriété temporaire. La perpétuité n'est pas de l'essence de la propriété; l'intérêt de la société veut qu'au bout d'un certain temps de jouissance exclusive de l'auteur, il y ait une espèce d'expropriation qui fasse tomber l'œuvre dans le domaine public. Ce qui a fait admettre la perpétuité de la propriété des choses corporelles, c'est que, sans ce principe, les hommes seraient toujours en lutte; la transmissibilité à l'infini était nécessaire : sans elle, on n'aurait pas cultivé. Ces raisons ne se rencontrent pas en matière de propriété littéraire.

A ces deux opinions, nous rattachons le système hybride de la redevance. Celui-ci reconnaît que la propriété littéraire est perpétuelle; mais, après l'expiration d'un temps plus ou moins long, l'auteur perd le domaine exclusif, son droit se métamorphose en une redevance que tout éditeur doit payer à perpétuité à l'auteur ou à ses représentants. La propriété subsiste nominalement, mais ses effets se bornent au droit de percevoir une redevance.

Ajoutons, enfin, qu'un grand nombre des partisans de ces deux systèmes s'accordent à reconnaître que la propriété littéraire peut s'éteindre par le non-usage pendant un certain temps; c'est l'expédient par lequel ils obvient à l'inconvénient qu'il y a, dans le système de la propriété, à subordonner la publication d'un ouvrage à la discrétion des familles, au bon vouloir d'héritiers dispersés peut-être, ou d'opinions contraires à celles du livre. On a cité l'exemple des œuvres de Voltaire qui seraient tombées en la propriété de l'évêque de Moulins.

La troisième opinion, à laquelle nous nous rallions à la suite de la majorité des jurisconsultes, et que, d'ailleurs, partagent la plupart de ceux des écrivains actuels qui semblent avoir le plus de droit d'espérer que leurs œuvres vivront, notamment M. Thiers, peut se formuler ainsi :

Le droit des auteurs n'est pas et ne peut être une propriété, dans le sens juridique du mot. Ce droit dérive de la loi. Elle l'a créé librement, elle peut le limiter, le modifier. Elle ne l'a créé que lorsque la civilisation a fait naître certains modes de reproduction que la police publique peut atteindre; elle a borné sa durée d'une manière qui varie selon les temps et les lieux; elle a réglé, en France, la transmission par décès d'une façon différente du droit commun. Le droit d'auteur n'est qu'une rémunération sous forme de privilège, accordée par la société à l'auteur pour la part qu'il a dans l'œuvre.

Notre démonstration négative d'un droit véritable de propriété, résultera de la comparaison des caractères de la propriété ordinaire avec ceux de ce qu'on est convenu d'appeler propriété littéraire.

Et d'abord le droit de l'auteur porte sur une chose incorporelle.

Or, une chose incorporelle ne peut être l'objet d'un droit de propriété dans le sens scientifique et correct du mot.

Donc, le droit de l'auteur n'est pas une propriété.

Reste à prouver la vérité des deux prémisses.

Pour bien comprendre la première, suivons attentivement les faits, et ne confondons pas les époques.

C'est confondre les époques que d'appeler le droit d'auteur, comme on le fait souvent, *la propriété de la pensée.*

L'auteur est, si l'on veut, propriétaire de sa pensée non encore émise; il en est propriétaire, quoique souvent elle ne soit pas innée, mais suggérée, résultant de la pensée d'autrui, du milieu social : il peut ne pas l'émettre.

Il l'émet. Il écrit un livre. A ce moment, il a en sa possession un manuscrit dont il est propriétaire, manuscrit qu'il peut louer, donner, vendre, échanger, détruire. C'est un meuble corporel.

Mais, l'auteur fait imprimer son œuvre : des exemplaires en sont vendus, l'œuvre est *livrée* au public, comme dit Le Chapelier. Chacun n'est-il pas libre d'apprendre, de réciter, de recopier l'exemplaire qu'il a acheté, de s'inspirer des idées de l'auteur, de se les approprier en quelque sorte. C'est le mot de Martial :

> Carmina Paulus emit : recitat sua carmina Paulus;
> Nam quod emas, possis dicere jure tuum.

> (Livre II, n° 20, tome I, page 81.)

L'auteur est toujours propriétaire de son manuscrit, mais rien de plus : il y a eu, par le fait de la publication, dépossession, désinvestissement complet. Si la société accorde à l'auteur le droit exclusif de reproduire, pendant un temps limité, elle se dépouille au profit de celui-ci, elle crée pour lui un véritable privilége. Sur quoi porte ce privilége? uniquement sur la faculté de reproduction, de multiplication par certains procédés. Or, cette faculté est un bien incorporel.

On prétend, il est vrai, et d'Héricourt a le premier introduit cette idée, que les droits de l'auteur dérivent de la propriété du manuscrit : la propriété littéraire consisterait dans la propriété du texte écrit, c'est-à-dire dans un objet certain, une chose matérielle.

Cette opinion repose sur une erreur. L'émission de l'idée peut exister sans manuscrit. Supposons un livre imprimé; le manuscrit est détruit, le droit de l'auteur est-il affaibli? Ce que l'auteur veut protéger, ce n'est pas son manuscrit, c'est la faculté de publier et republier son œuvre; ce n'est pas une chose, c'est un droit. La propriété du manuscrit n'est pas plus semblable au droit de l'auteur sur son œuvre, que le vol de ce manuscrit ne ressemble à la contrefaçon. Revenant donc à notre donnée première, nous concluons que si, avant la publication, la propriété du manuscrit contient le germe du droit de l'auteur, dès la publication les deux droits se séparent : l'un reste la propriété, insignifiante désormais, d'une chose corporelle; l'autre un droit sera une chose incorporelle, le droit de reproduction, *copy right*.

Reste à démontrer que les choses incorporelles ne sont pas susceptibles de propriété.

Sans doute, dans le langage du monde, on dit souvent

la propriété d'une créance, la propriété d'un usufruit; le Code de commerce lui-même, art. 136, prononce le mot de propriété d'une lettre de change; sans doute, plusieurs des textes relatifs à notre matière, la loi de 1793, les décrets de l'an XIII, de 1810, ont employé le mot de propriété littéraire.

Mais ces expressions ne sont que le résultat d'une inexactitude de langage, sans péril lorsqu'il n'y avait encore que des jurisconsultes qui s'occupassent de la question.

C'est ainsi qu'on prononce chaque jour le mot de propriété industrielle, en parlant des brevets d'invention. C'est ainsi encore que ceux qui ont le droit, sauf exception, de présenter un successeur pour un office se qualifient propriétaires, qu'un comte dit que son titre est sa propriété.

Et d'ailleurs, il suffit de se reporter au texte du Code civil qui définit la propriété, art. 544, le droit d'user et de disposer des *choses*.

Or, qui niera que par choses le Code n'ait voulu entendre que les objets corporels.

« *Videntur veteres dominium proprié de re corporali dixisse* » disait Vinnius. (Iust. lib. ii, tit. i, § 2.)

Bien plus, lors même qu'une loi viendrait déclarer les biens incorporels susceptibles de propriété, nous n'hésiterions pas à affirmer que le droit des auteurs n'est pas compris parmi ces biens incorporels et ne peut pas être une propriété.

Quels sont, en effet, les caractères principaux de la propriété ?

Elle est absolue.

Elle est exclusive.

Elle est perpétuelle.

Elle est inviolable.

Les deux premiers caractères sont étroitement liés. Si le propriétaire peut mésuser de sa chose, la détruire même, c'est qu'en ce faisant il ne nuit à personne, lui seul ayant un droit sur la chose, droit qui comprend tous les autres. Est-il besoin de dire qu'il n'en est pas de même pour l'auteur. Après la publication, il est désarmé. Son œuvre existe sans lui, loin de lui, malgré lui.

Sans doute, il peut ne pas faire de nouvelles éditions, mais au bout d'un certain temps le premier venu pourra le faire à sa place. Il n'a plus sur son œuvre qu'un droit rénumérateur dont il est maître de débattre le chiffre avec l'agent de publication. Il n'est pas plus le propriétaire de son œuvre, que propriétaire de ses enfants. Il avait le droit de ne pas avoir ceux-ci, comme il avait le droit de ne pas écrire son livre, mais quand il a donné le jour à une œuvre de son sang ou de son intelligence, il ne peut pas plus supprimer l'une que l'autre.

Rien de plus naturel que cette différence avec la propriété des choses corporelles : l'œuvre littéraire s'adresse à tous pour être possédée par tous, l'œuvre matérielle a été fabriquée par un seul, et ne peut être possédée que par un seul.

La propriété ordinaire est perpétuelle ; le droit des auteurs n'est pas perpétuel. Il devrait l'être, dit-on : mais, parmi les partisans du système de la propriété, tous ne réclament pas la perpétuité du droit exclusif. Plusieurs admettent soit une espèce d'expropriation pour utilité publique, soit une redevance, beaucoup accordent une extinction par le non-usage. Est-ce là la perpétuité ? Est-ce un droit perpétuel, ce droit de reproduction qui doit tomber dans le domaine public fatalement, à jour fixe, utile ou non à la société, car le côté piquant du système qui voit dans la limitation de la durée du droit une expropriation pour utilité publique, dès lors une reconnaissance du droit de propriété, est de fonder sur l'utilité publique la faculté accordée à tous de reproduire, au bout d'un certain temps, le plus mauvais livre?

Est-ce un droit perpétuel, celui qui se transformerait fatalement, à un jour donné en une créance modique, fixée arbitrairement à l'origine par un tiers, c'est-à-dire par la loi?

Depuis quand, enfin, la propriété est-elle éteinte par le non-usage?

D'autres autorités telles que le comte Portalis, en 1811, ont posé un principe nouveau: On peut avoir à temps un droit à titre de propriété; la perpétuité n'est pas de l'essence de la propriété. Ce principe romain, nécessaire chez nous pour maintenir la stabilité de la propriété corporelle, base de la société, est nuisible et d'application trop difficile en matière de propriété littéraire; partant, nous pouvons le rejeter.

Nous croyons que déclarer que la propriété peut être temporaire, c'est la dénaturer. Comment concevoir le droit pour le propriétaire d'abuser de sa chose, de la détruire, sans admettre qu'il ne détruit que ce qui lui appartiendra à jamais. « La propriété ne serait pas du tout, dit M. Demolombe, si elle n'était pas perpétuelle. » Elle peut être résoluble, mais elle ne peut être temporaire. On ne trouvera dans aucune législation, excepté chez les anciens Juifs, qui n'étaient que concessionnaires, l'exemple d'une propriété temporaire.

Enfin, la propriété ordinaire est inviolable. En est-il de même de la propriété littéraire? L'inviolabilité de la propriété est écrite dans presque toutes les Constitutions; elle est reconnue comme principe fondamental chez tous les peuples. Et cependant, les lois de tous les pays limitent la propriété littéraire, et ce, d'une façon arbitraire, variable. Ou toutes ces lois violent les Constitutions qui proclament l'inviolabilité de la propriété, ou le droit des auteurs n'est pas une propriété.

Il est vrai que quelques-uns répondront en disant que la limitation du droit des auteurs est une expropriation semblable à celle de la loi de 1841. Nous n'avons pas à revenir sur cet argument qui assimile l'expropriation accidentelle d'un fond, moyennant une juste et préalable indemnité, suivant la valeur au jour de la dépossession, à la fixation initiale, générale, gratuite, d'un délai pendant lequel s'exercera la jouissance exclusive de l'auteur.

S'il nous fallait absolument trouver une espèce d'expropriation pour utilité publique en matière de propriété littéraire, nous le verrions dans l'institution de la censure, quand elle s'exerce après des faits de publication qu'elle empêche de continuer. Ira-t-on jusqu'à dire que l'institution de la censure est incompatible avec l'existence d'une Constitution proclamant l'inviolabilité de la propriété ?

Ajoutons enfin, avec M. Demolombe, que tandis que la propriété ordinaire est respectée chez tous les peuples, indépendamment de conventions diplomatiques, non-seulement à l'égard des nationaux, mais encore à l'égard des étrangers, la propriété littéraire, au contraire, n'est reconnue d'État à État qu'autant qu'il existe des traités.

Nous ne croyons pas devoir omettre un argument bien souvent invoqué.

Le droit des auteurs, avons-nous dit, n'est, après la publication, qu'une concession de l'État, équitable sans doute, mais bénévole, octroyée par la société à certaines classes de travailleurs. Ce privilège, elle le refuse aux savants, elle le vend aux inventeurs. Si un produit de l'intelligence, sous la forme d'un écrit ou œuvre d'art devait procurer toujours à son auteur ou à ses ayant-cause les bénéfices exclusifs de son exploitation, pourquoi les autres produits de l'intelligence, appliqués à l'industrie, ou au salut de l'homme, ne jouiraient-ils pas de la même faveur? « Si la loi s'égarait jusqu'à déclarer « la perpétuité du privilége pour l'invention littéraire, « le lendemain, l'inventeur scientifique, l'inventeur in-« dustriel seraient fondés à demander la même chose, et « à traiter de socialistes ceux qui ne l'accorderaient pas. »

Voici ce qu'on a essayé de répondre : l'assimilation n'est pas possible, l'inventeur découvre mais ne crée pas. L'auteur, l'artiste, au contraire, puisant en eux-mêmes la conception de cet idéal qu'ils traduisent à nos sens, font œuvre personnelle. Papin et Watt ont appliqué les propriétés de la vapeur, Léonard de Vinci a créé la Joconde.

On a répondu avec trop d'éclat et parfois de malice à cet argument pour que nous en entreprenions à notre tour la réfutation. L'auteur et l'artiste, a-t-on dit, pas plus que l'inventeur, ne sont pas de ces véritables créateurs qui font quelque chose de rien (*Molem sine matre creatam*), ils continuent une chaîne ; ils reçoivent, dit M. Thiers, l'eau du fonds supérieur pour la transmettre au fonds inférieur.

Racine, dans ses préfaces, avait une modestie oubliée : « Il n'y a presque pas un trait éclatant dans ma tragédie (Britannicus) dont Tacite ne m'ait donné l'idée.

Mais la meilleure réponse a été donnée par Alfred de Musset :

> Rien n'appartient à rien, tout appartient à tous,
> Il faut être ignorant comme un maître d'école
> Pour se flatter de dire une seule parole
> Que personne ici-bas n'ait pu dire avant nous
> C'est imiter quelqu'un que de planter des choux.

L'argument a été présenté sous une apparence plus spécieuse.

Sans doute, a-t-on dit, l'auteur emprunte quelquefois ses idées, mais la forme dont il les couvre, la parure dont il les revêt, le style dont il les dore, constituent son œuvre ; œuvre personnelle au plus haut point, puisque si l'on peut traiter le même sujet, on ne peut sans plagiat reproduire les mêmes expressions. Chez l'inventeur, au contraire, la forme n'existe pas, tout est dans l'idée ; or, l'idée ne lui appartient pas, il la prend dans la nature.

Dans un sens absolu, oserons-nous répondre, personne n'invente rien : toutes les inventions sont dans la nature, tous les chefs-d'œuvre sont dans le dictionnaire. Mais dans le sens humain et contingent, extraire une idée du fonds commun et choisir les mots qui l'expriment, découvrir un secret de la nature et en faire l'application, c'est également inventer. Sans doute, chacun est conduit à son idée, à sa découverte, par les idées et les découvertes précédemment révélées ; mais dès qu'il y a une différence appréciable dans l'idée, une étape dans le chemin des découvertes, il y a œuvre personnelle, idée ou invention.

Est-ce que le fond comme la forme de l'œuvre littéraire, la découverte de la force physique qui fera agir la machine, et le modèle même de cette machine, ne sont pas également le fruit de l'intelligence, au même titre, dans la même mesure, avec la même part à faire aux précédents acquis et à la conquête nouvelle ?

Sans doute, dans l'invention, il faut reconnaître l'influence des inventions précédentes ou contemporaines.

Nous revendiquons Papin comme ayant constaté avant Watt la force d'expansion de la vapeur ; Jouffroy, comme l'ayant appliquée à la navigation avant Fulton; mais la forme littéraire, aussi bien que l'idée, ne doit-elle rien au passé, au présent, aux habitudes régnantes dans l'art d'écrire. « Sans la Bible et sans Homère, sans Bernardin de Saint-Pierre et Chateaubriand, a osé dire M. Renouard en face de l'illustre rapporteur du projet de 1841, aurions-nous M. de Lamartine? » N'avons-nous pas dans notre littérature l'époque de l'imitation italienne, de l'imitation espagnole, et, dans ces derniers temps, le règne des alinéas? Ne dit-on pas tous les jours l'école de tel écrivain, de tel peintre? Pour être originale, aujourd'hui, la forme n'a plus même la ressource d'être extravagante, car l'extravagance n'est plus une nouveauté.

Reconnaissons donc que, idée et style, découverte d'un des secrets de la nature et création d'un usage de cette découverte, tout cela est consubstantiel et indivisible; qu'en supposant même qu'on pût séparer ces manifestations de l'intelligence, elles auraient toujours le même caractère, le même titre aux yeux de la loi, qui récompense le travail intellectuel sous quelque forme qu'il se produise. La durée du privilége sur la reproduction, mode de récompense adopté par la loi, peut être plus courte pour les inventions industrielles, si on trouve un plus grand intérêt social à les livrer promptement au public, mais le principe est identique; si le brevet d'invention n'est pas une propriété, s'il ne doit pas être perpétuel, il en est de même du droit exclusif de reproduction des œuvres littéraires et artistiques.

D'après les impressions que traduit le *Journal officiel,* cette assimilation a rencontré, lors de la discussion de la loi de 1866, une vive adhésion dans le Corps Législatif. On y a paru frappé de ce que Guttemberg n'eût eu aujourd'hui qu'un brevet de quinze ans, et on y a applaudi, de nouveau, ce mot de Berryer : « La machine est le livre de l'inventeur. »

Au point où nous en sommes, nous croyons avoir suffisamment exposé ce qu'est le droit des auteurs. C'est le profit qui résulte pour ceux-ci, d'une loi de police prohibitive. L'Etat s'est réservé des droits analogues pour la vente de certains produits ; il a pu créer au profit de particuliers, pour prix de leur travail, des monopoles temporaires, atteintes à la liberté naturelle du public, mais justifiées par d'excellentes raisons. C'est par des monopoles temporaires que Colbert naturalisa en France plus d'une industrie ; les prohibitions d'importations étrangères, dans l'intérêt de nos productions similaires, n'étaient qu'un monopole national. Le monopole intérieur, pour une espèce de fabrication, se constituait avant 1780, par des lettres de privilége ; on l'appelle depuis 1791 brevet d'invention. Des lettres de privilége identiques étaient accordées pour la reproduction des livres. Le même euphémisme, la même pruderie dans le langage légal, qui, en haine du mot privilége, odieux dans certaines de ses applications, avait fait créer le nom de brevet d'invention, fit employer en ce qui concerne les auteurs, le mot pompeux et courtois de propriété. Mais la loi resta en présence d'un droit créé et limité par elle, c'est-à-dire, d'une non-propriété ; et si elle attribua à l'auteur ce qui était avant la Révolution accordé au libraire, si elle substitua l'octroi immédiat et général par la loi aux lettres de chancellerie, elle ne changea pas la nature du droit.

Il n'est pas nécessaire que celui qui a conçu l'œuvre, l'ait exécuté lui-même : ainsi, l'ensemble d'une revue, ou d'un dictionnaire, comme la biographie Michaud, appartient à celui qui a créé le recueil, en a ordonné le plan, admis les éléments, bien qu'il n'ait écrit aucun des articles. Toutefois, l'auteur d'un article est censé s'être réservé la faculté de le reproduire, non dans un dictionnaire du même genre, mais dans ses œuvres complètes, même dans une brochure isolée, pourvu qu'il ne le fasse pas dans un moment trop voisin de la publication de cet article dans l'ouvrage collectif. La loi allemande de 1870, fixe l'intervalle à deux ans.

Mais voici une hypothèse plus délicate :

Plusieurs personnes se sont réunies pour composer un ouvrage. Il ne s'agit plus, comme dans le cas précédent, d'articles distincts, et n'ayant d'autre rapport entre eux que leur réunion dans un même recueil : l'œuvre est une ; divers écrivains ont concouru à la combinaison de l'ensemble aussi bien qu'à l'exécution des détails, il y a collaboration proprement dite.

Les co-auteurs possèdent alors indivisément le privilége ; sauf convention contraire, chacun d'eux a un droit égal sur les produits ; mais l'un des co-auteurs pourra-t-il exiger que l'indivision cesse ? Il semble, au premier abord, que l'application de l'art. 815 doive être écartée ; l'un des auteurs ne peut être contraint d'abdiquer les droits inhérents à sa qualité ? Oui, sans doute, la qualité d'auteur est indélébile, mais de cette qualité découlent certains droits, parfaitement cessibles ; c'est pourquoi nous adoptons l'opinion de M. Renouard, qui, dans le cas où tous les auteurs ne s'accorderaient pas à autoriser une édition ou représentation, pense qu'il y aura lieu à licitation. M. Vivien, au contraire, permet à chacun des

DEUXIÈME PARTIE

LÉGISLATION EXISTANTE

CHAPITRE I ([1]).

QUE DOIT-ON ENTENDRE PAR AUTEUR.

Sur cette matière, il est impossible de trouver un texte dans nos lois. Le projet de loi de 1841, résolvant un grand nombre de questions de détail, fut rejeté; de même, la loi de 1866 n'est que le débris d'un projet de législation complète de 1862, malheureusement compromis par le principe de la perpétuité et par les difficultés et les déceptions de la transaction appelée redevance.

L'auteur est celui qui donne naissance à une production nouvelle; il faut qu'il y ait, de sa part, conception personnelle, soit dans l'ensemble, soit dans les détails.

Rien de plus difficile que l'application de ce principe si simple en apparence, à des œuvres qui n'émanent que sous certains rapports de celui qui les revendique.

([1]) Nous n'avons pas cru devoir traiter en deux chapitres distincts la propriété littéraire et la propriété artistique; la plupart des règles sont communes. Nous signalerons, à leur place, les différences qui les séparent.

co-auteurs, d'autoriser seul des éditions ou représentations, sauf à partager les produits. D'autres enfin, ap-
pellent l'arbitrage du juge, remède incommode à des
dissentiments qui peuvent se renouveler. Il ne s'agit pas
seulement de l'émolument, mais de la responsabilité morale et de la réputation littéraire. Si l'un des auteurs veut
interpeller le public, tandis que l'autre n'ose pas l'affron-
ter, il faut un moyen de rétablir l'unité de volonté. —
Sic projet de 1862.

Dans un opéra, l'auteur de la musique et l'auteur des
paroles sont collaborateurs. Mais leurs droits sont-ils
égaux ? Nous ne le pensons pas, le tribunal devra intervenir. Certaines législations fixent les droits respectifs,
en créant une inégalité légale. Cependant la Cour de
Paris a jugé, en 1855, qu'une entente parfaite étant nécessaire entre l'auteur du poème et celui de la musique,
il y avait lieu à partage égal des produits. En fait, on
s'arrange, d'après les célébrités comparées, et des compositeurs renommés n'achètent pas cher le libretto d'un
écrivain peu connu.

Il s'est élevé de délicates questions au cas où une
pièce serait composée d'après le sujet, les données, le
plan d'un feuilleton ou roman antérieurement publié. —
On s'accorde, en général, à exiger le consentement de
l'auteur de l'ouvrage primitif, et le titre de collaborateur
peut être reconnu alors à celui dont les idées ont été em-
pruntées. S'il n'avait pas consenti, nous pensons qu'il y
aurait contrefaçon. On a fait un partage entre la veuve
de Molière et Thomas Corneille, qui avait mis en vers le
Festin de Pierre.

Les droits d'auteurs appartiennent même à l'anonyme.
La jurisprudence est dans ce sens, mais la loi allemande,
art. 11, al. 7, décide que le délai de la protection datera

de la première édition, et pourra ainsi expirer avant la mort de l'auteur. L'auteur d'un ouvrage anonyme ou pseudonyme échappe à la responsabilité, la protection peut être moindre. En l'absence de dispositions analogues, nous ne pouvons qu'assimiler l'auteur anonyme à celui qui met son nom sur son livre.

Bien entendu, nous supposons, ce qui, du reste, est le cas le plus fréquent, que l'auteur se fait connaître, quelque jour; si, au contraire, l'auteur restait complétement inconnu, nous croyons qu'on devrait considérer l'éditeur comme auteur. D'autres l'assimilent à un cessionnaire ; nous indiquons plus loin les raisons qui nous font repousser cette assimilation plus arbitraire encore que la première.

Lorsque les droits d'auteur appartiennent à l'État par succession (loi 1866), le droit tombe dans le domaine public. Au contraire, lorsque le gouvernement fait composer un ouvrage, il a, sur cet ouvrage, un droit exclusif de reproduction. — Différent aussi est le cas où l'État, sans avoir aucun privilége sur la reproduction, l'ouvrage étant dans le domaine public, s'est cependant réservé le droit de donner la publication première et officielle : c'est ce qui a lieu pour les lois et les actes d'administration.

Autrefois, un monopole existait sur la reproduction de ces lois. Louis XIV, en 1667, accorda à la Feuillade, le droit exclusif de reproduire ses ordonnances. Un décret du 10 juillet 1810, défendit la reproduction des lois et règlements avant leur insertion au *Bulletin des Lois*. L'ordonnance du 28 décembre 1814, décida que l'imprimerie royale serait seule chargée de la publication des lois et règlements.

Ce monopole fut aboli par l'art. 3 de l'ordonnance du 12 janvier 1820. Aujourd'hui, en vertu du décret du

5 novembre 1870, la promulgation a lieu par l'insertion au *Journal officiel*. Dès cette insertion, le droit de reproduction est ouvert à tous.

Les sociétés littéraires et les corps savants dont l'existence est légalement autorisée, ont un droit exclusif sur la reproduction de travaux publiés par leurs soins. C'est à l'être moral qu'appartient le droit, et non à chacun des membres en particulier, sans préjudice toutefois pour ceux-ci de la faculté de publier leurs travaux individuels.

CHAPITRE II.

SUR QUELS OUVRAGES PORTE LE DROIT.

La loi du 19 juillet 1793, fondamentale en cette matière, s'exprime d'une façon fort large : « *l'auteur d'un ouvrage de littérature ou de gravure ou de toute autre production de l'esprit ou du génie, qui appartiennent aux beaux-arts,* » dit l'art. 7, « *écrits en tous genres* » dit l'art. 1ᵉʳ.

Les termes de cette loi nous montrent bien que le juge n'a pas un pouvoir d'appréciation, et, qu'à moins de restriction formelle, toute œuvre littéraire ou artistique donne à son auteur un privilége. Nous allons examiner différentes hypothèses qui ont donné lieu à controverse, déduisant toujours notre solution du principe posé par la loi de 1793.

Une simple compilation (¹), faite avec une certaine disposition, doit être considérée comme une œuvre litté-

(¹) Paris, 23 août 1844.

raire; il en est de même d'un abrégé (¹). Il est évident, d'ailleurs, qu'on ne peut compiler ou abréger que
des ouvrages tombés dans le domaine public.

Des annotations (²), additions, commentaires annexés
à un ouvrage donnent à leur auteur un droit exclusif,
non sur le fond de l'œuvre, mais sur l'œuvre annotée,
bien que des difficultés pratiques puissent s'élever, si les
notes ou commentaires sont confondues avec le texte
même.

On a jugé (³) qu'un tableau contenant les noms des députés classés par opinions politiques ou même par dé-
partements, pouvait donner lieu à un privilége. Il en
serait de même d'un calendrier, pourvu qu'il y eût dans
les mentions qui accompagnent les dates, ou dans la disposition générale, œuvre personnelle et création de
l'auteur.

Une traduction, soit juxta-linéaire, soit séparée du
texte, est une œuvre littéraire. Les tribunaux, en présence
de deux traductions d'un même ouvrage, auraient à apprécier si l'une est la reproduction de l'autre, ou si les
ressemblances qu'elles présentent tiennent à la nature
même des choses et à l'identité du sujet.

En ce qui concerne les journaux, il faut avec la jurisprudence distinguer les articles proprement dits et les
nouvelles. La nouvelle est dans le domaine public. La
reproduction d'un article, au contraire, doit être interdite; cependant l'usage déroge à ce principe, et les journaux, par une sorte de réciprocité tacite, s'empruntent
mutuellement des articles ou extraits d'articles. Nous

(¹) Tribunal de la Seine, 22 mars 1835.
(²) Cass., 27 février 1843.
(³) Paris, 21 décembre 1831.

appliquons à l'auteur d'un article, dans ses rapports avec le directeur du journal, et sauf convention contraire, ce que nous avons dit sur l'auteur d'un article de dictionnaire : il peut reproduire son œuvre (¹), mais non dans un journal analogue, et de façon à ne pas nuire au journal dans lequel il écrit. Il doit donc laisser passer un certain temps, variant, à défaut de loi, suivant les circonstances.

Tous les auteurs s'accordent à reconnaître que la propriété d'une lettre missive appartient au destinataire. Pourra-t-il la publier sans le consentement de l'auteur ? Non. Le droit de reproduction est bien distinct de a propriété du manuscrit, et d'ailleurs, il y a un intérêt supérieur de morale et d'honneur à ne pas permettre que les confidences de l'intimité soient l'objet d'une spéculation. C'est ce qu'a décidé la Cour de Paris, le 20 décembre 1850, au sujet des lettres de madame Récamier que voulait publier la sœur de Benjamin Constant.

Le sujet d'un ouvrage peut-il par lui-même donner lieu à un droit exclusif ? Nous croyons qu'il y a là surtout une question d'appréciation. Si le sujet est un sujet historique, par exemple, il est évident que tout le monde peut s'en emparer ; mais la difficulté pourrait naître si le sujet était tout d'imagination ; cependant, même en ce cas, il nous paraîtrait bien difficile d'empêcher un auteur de le traiter de nouveau.

Mais, au contraire, le titre d'un ouvrage appartient à celui qui l'a le premier adopté. Il faut cependant que le titre constitue pour l'ouvrage une désignation particulière ; un auteur, dit M. Gastambide, ne peut déshériter toute une classe d'ouvrages de la dénomination natu-

(¹) Paris, 2 janvier 1831, Louis Desnoyers.

relle et spéciale qui leur appartient dans notre langue.

Si la publication n'a pas eu lieu du vivant de l'auteur, l'ouvrage est qualifié posthume, encore qu'il y ait eu, du vivant de l'auteur, publication orale. Le décret du 1er germinal an XIII, pose les règles relatives aux ouvrages posthumes. L'héritier est considéré comme auteur. Son droit exclusif durera donc pendant cinquante après sa mort. Mais, si les autres œuvres du défunt font déjà partie du domaine public, l'héritier sera tenu de publier séparément l'œuvre posthume. Cette disposition a pour but d'empêcher l'héritier de ressaisir, par la publication d'un opuscule posthume, un droit exclusif sur des œuvres, considérables peut-être, tombées dans le domaine de la liberté.

Mais cette disposition doit-elle être appliquée lorsque l'œuvre posthume ne se compose que de fragments qui n'ont de valeur que réunis au reste d'un ouvrage ? La question s'est présentée en 1820, pour le complément jusqu'alors inédit des Mémoires de Saint-Simon. La Cour de Paris, 27 janvier 1857, a décidé que, dans ce cas, en considération de l'impossibilité d'une publication distincte, l'héritier devait avoir un privilége même sur la partie dès longtemps tombée dans le domaine public.

Cette décision paraît conforme à l'intérêt des lettres. —Il y a des œuvres littéraires qui ne sont pas des écrits; devons-nous étendre la protection à ces œuvres? En ce qui touche les discours politiques, il est certain que la publicité des discussions législatives, l'intérêt public et historique, doivent faire admettre le droit de reproduction libre. Toutefois, bien que ce point soit contesté, il ne nous semble point qu'on puisse reproduire librement, sous forme de collection, les discours prononcés par un orateur à diverses époques ; il doit pouvoir les corriger et les modifier à son gré. La loi portugaise du 8 juillet 1851, copiant un projet de 1841, défend la reproduction des discours prononcés à la tribune. — *Sic* M. Lyon-Caen.

Nous donnerons la même solution pour les plaidoyers. Quant aux décisions judiciaires, elles font partie du domaine public.

Les leçons d'un professeur ne peuvent être reproduites sans son autorisation ; le professeur reçoit de l'État des appointements pour communiquer à ses auditeurs des leçons orales ou dictées ; mais la reproduction imprimée, souvent différente d'ailleurs, ne peut appartenir qu'à lui. (Paris, 18 juin 1840. Cuvier.)

Les sermons prononcés par un ministre du culte, ne peuvent être reproduits sans son autorisation (Paris, 17 juillet 1845. Lacordaire.)

Il nous reste à étudier une matière spéciale qui a ses règles propres, le décret du 7 germinal an XIII, porte : « Les livres d'église, les heures et prières ne peuvent » être imprimées que d'après la permission donnée par » les évêques, laquelle permission sera textuellement » imprimée en tête de chaque exemplaire. »

Art. 2. « Les imprimeurs et libraires qui feraient im-» primer ou réimprimer des livres d'église, heures ou » prières, sans avoir obtenu cette permission, seront » poursuivis conformément à la loi du 10 juillet 1793. »

Les évêques ont-ils un simple droit de surveillance, ou doivent-ils être considérés comme auteurs des livres d'église, etc., en ce sens que la permission d'imprimer conférée à un libraire pourrait lui être vendue par l'évêque, et donnerait à ce libraire un droit exclusif qui l'autoriserait à poursuivre tout éditeur non muni d'une semblable permission ?

Portalis, rapporteur du décret de germinal, semble abonder dans ce dernier sens : « Les évêques, dit-il, » sont responsables des livres qui traitent de la doctrine » ecclésiastique. Et comment pourraient-ils l'être, *si,* » *comme les auteurs*, ils ne sont pas libres de choisir *ex-* » *clusivement* leurs imprimeurs ou libraires, etc. »

Selon nous, l'évêque n'a qu'un droit de censure préventive, établie dans l'intérêt de la pureté des doctrines enseignées, et non dans un intérêt pécuniaire : le législateur de l'an XIII n'a pas entendu pourvoir aux intérêts temporels des évêques. Ce n'est qu'au point de vue de la sanction pénale que le décret renvoie à la loi de 1703 ; il n'y a là rien qui ressemble à un droit d'auteur pour l'évêque, (bien entendu quand celui-ci n'est pas l'auteur de l'ouvrage), et l'évêque ne peut vendre le droit qu'il accorde. — Peut-on aller jusqu'à dire que l'autorisation n'ayant pour but que de garantir l'orthodoxie du livre, et n'ayant nullement pour objectif la personne des éditeurs, l'évêque peut bien refuser à tous le droit de publier, mais que, s'il l'accorde à un imprimeur, il ne peut le refuser à un autre imprimeur régulier ? Nous n'irions pas jusque-là ; la confiance qu'inspire tel imprimeur peut être un élément de la décision épiscopale. Dans tous les cas, nous croyons que c'est à tort qu'on a soutenu qu'en cas de refus d'autorisation, l'administration pouvait être appelée à juger le débat, soit sous forme d'appel comme d'abus, soit autrement. — Cette doctrine conduirait à ce qu'on appelait jadis « toucher à l'encensoir, » à une ingérence fâcheuse de l'administration dans des questions purement doctrinales et spirituelles.

Mais l'évêque peut-il retirer, pour l'avenir, l'autorisation ? Oui ; tel ouvrage, jadis convenable, peut devenir

inopportun : tel ouvrage qui n'accordait l'infaillibilité
qu'à l'Église, conformément à la doctrine de l'Assemblée
de 1682, ne sera pas publié de nouveau, depuis que
l'épiscopat a reconnu la décision du Concile de 1870.

Quelque brusque que soit la transition, les nécessités
de la matière nous amènent à dire quelques mots de la
propriété artistique.

Ici, nous retrouvons le même principe qu'en matière
de propriété littéraire. Pour qu'une œuvre soit l'objet
d'un droit exclusif, il faut qu'il y ait, de la part de l'auteur, création personnelle résultant soit de la composition, soit de l'exécution. Une épreuve photographique
ne peut être reproduite sans le consentement de son
auteur. Il y a, de la part du photographe, une habileté,
quelquefois un art, qui ajoutent à l'œuvre de la nature
un élément personnel.

Le fac-similé obtenu par un moulage sur nature n'avait
pas été considéré, par le tribunal de la Seine, jugeant
conformément à un avis de l'Institut, comme constituant un objet de propriété artistique, 10 décembre
1851. Cette opinion nous paraît fondée, bien qu'elle ait
été l'objet de vives critiques. On a invoqué à tort l'analogie de la photographie. Le photographe doit tenir
compte des couleurs, du jeu de la lumière, des effets
si variés qui peuvent résulter de la combinaison de ces
divers éléments ; le moulage, au contraire, demande, il
est vrai, plus ou moins d'habileté, mais une habileté
toute mécanique ; ce n'est point protéger l'art véritable,
que de faire ainsi dévier la protection.

Mais nous accordons, au contraire, un droit exclusif
à l'auteur d'une *réduction*. — Il y a ici plus qu'un travail manuel ; un artiste seul peut reproduire l'original,
dont la copie a parfois presque le mérite. (Cass. Paris,

1857; Orléans, 1" avril 1857; Cour de Paris, 28 juin 1856.

En dirons-nous autant de l'œuvre d'un architecte! La question s'est élevée à l'occasion de la construction du Palais de l'Industrie. L'affirmative a été adoptée par la Cour de Paris, 5 juin 1855, et cette solution ne nous paraît pas pouvoir être mise en doute.

CHAPITRE III.

DES CONDITIONS AUXQUELLES EST SUBORDONNÉE L'ACQUI- SITION DU DROIT. — DE LA CAPACITÉ REQUISE POUR L'EXERCICE DU DROIT.

§ 1er. — *Du Dépôt.*

Les anciennes lettres de privilége exigeaient le dépôt à la Bibliothèque du roi, chez le chancelier, etc.

La loi du 19 juillet 1793 disait, dans son art. 6 :

« Tout citoyen qui mettra au jour un ouvrage de lit-
« térature ou de gravure, dans quelque genre que ce
« soit, sera obligé d'en déposer deux exemplaires à la
« Bibliothèque nationale ou au Cabinet des Estampes
« de la République, dont il recevra un reçu signé par
« le bibliothécaire, faute de quoi il ne pourra être ad-
« mis en justice pour la poursuite des contrefacteurs. »

Le décret du 5 février 1810 exigeait le dépôt de cinq exemplaires, « dont un pour la Bibliothèque impériale. »

L'art. 4 de l'ordonnance du 24 octobre 1814, faisait une nouvelle répartition des exemplaires déposés.

Toutes ces dispositions sont abrogées ou modifiées. Par l'ordonnance du 9 janvier 1828, le nombre des

exemplaires déposés est fixé ainsi : « Outre l'exemplaire
« et les deux épreuves destinés à la Bibliothèque, il sera
« déposé un seul exemplaire et une seule épreuve pour
« la bibliothèque du ministère de l'intérieur. »

L'obligation du dépôt préalable n'existe que pour les
ouvrages imprimés et les gravures, et en fait pour la
musique gravée sans paroles. — La Cour de Cassation
a jugé, 17 novembre 1814, qu'à défaut de texte les ouvrages de sculpture en étaient affranchis. La Cour de
Paris, 9 février 1832, a rendu la même décision quant
au dépôt à la Bibliothèque nationale des ouvrages d'art
exécutés sur métaux, marbre, etc.

Ajoutons cependant que quatre exemplaires de chaque médaille en bronze, doivent être déposés tant à la
Monnaie qu'à la Bibliothèque nationale. (Arrêté du 5
germinal an XII, art. 2.)

La plupart des traités exigent que l'auteur étranger
qui veut exercer son droit en France, y fasse le dépôt ;
d'autres traités se contentent de la preuve qu'il y a eu
édition à l'étranger. On peut prétendre, néanmoins, que
le dépôt, dont le décret de 1852 ne dispense pas, de
l'ouvrage publié à l'étranger, reste exigé, au moins
pour l'exercice de l'action. La Cour de Paris a supposé
cette nécessité en 1866.

Nous n'avons pas à parler du dépôt d'un autre ordre,
exigé par la législation sur la police de la presse, préalable à la publication, mais mettant l'autorité à même
de saisir au moment de la publication.

§ 2. — *De la Capacité requise pour l'exercice du Droit.*

Cette matière, si importante cependant, n'a été réglée
législativement qu'en ce qui concerne les étrangers.

D'après l'article 40 du décret du 5 février 1810, tout ouvrage publié en France, même par un auteur étranger, a droit à la protection accordée aux œuvres d'auteurs français.

Mais cette assimilation n'existait qu'autant que l'ouvrage était publié en France; le décret du 28 mars 1852 reconnut les droits des auteurs étrangers, en quelque endroit que leurs ouvrages eussent été publiés.

Suivant certaines personnes, il y aurait encore un intérêt à savoir si l'œuvre de l'auteur étranger est ou non publiée en France. Si elle est publiée en France, elle jouira vis-à-vis de tous les Etats avec lesquels la France est liée par des traités, des avantages stipulés par ces traités au profit des Français; dans le cas contraire, l'auteur étranger ne pourrait invoquer, outre le bénéfice de l'article 1er du décret de 1852, qu'un seul traité : celui qui existerait entre sa patrie et la France.

Examinons maintenant les règles de la capacité résultant de l'état civil, de la minorité, etc.

Au point de vue purement pécuniaire, la capacité de l'auteur pourrait être celle du droit commun; mais il y a dans l'exercice du droit d'auteur autre chose que cet élément matériel et productif de revenus. Doit-on dès lors soumettre les auteurs aux règles d'une capacité spéciale, ou leur appliquer le régime du Code civil, bien qu'il n'ait pas prévu l'hypothèse? — Cette question, parfois agitée dans nos Assemblées, n'a jamais été résolue.

La loi spéciale est muette, mais l'esprit général de la législation et un intérêt moral d'un ordre supérieur, s'appliquant à l'incapable et à ceux qui sont les gardiens de son honneur, de l'honneur et de la discipline de la famille, nous paraissent légitimer des restrictions particulières.

Ainsi, un mineur ne pourrait publier un livre, une œuvre d'art, sans l'autorisation de son père ou de sa mère, ou de son tuteur si c'est le tuteur qui a la garde de sa personne : les père, mère ou tuteur étant d'ailleurs seuls capables de faire le traité pécuniaire.

Pour l'interdit, la question est plus délicate. Quand il est dans un intervalle lucide, exiger qu'il obtienne, pour publier, la permission du tuteur, c'est peut-être paralyser la liberté de l'interdit pendant toute sa vie, résultat choquant surtout pour ceux qui lui permettent de se marier, et de faire d'autres actes personnels. Nous inclinerions à penser qu'il peut publier sans le consentement du tuteur ; mais s'il y a à traiter avec un libraire ou un directeur de spectacles, le tuteur seul peut le faire, ce qui souvent enchaînerait le droit de l'interdit. — Mais le tuteur peut-il publier, malgré l'auteur interdit, ou sans le consentement de celui-ci, supposé dans un intervalle lucide ? Nous proposerions la négative, d'après nos principes sur l'indépendance et l'incommunicabilité de la volonté de l'auteur, *infrà*.

Quant au mineur émancipé, il est affranchi de toute autorisation de ses père et mère au point de vue de l'autorité paternelle. Mais il ne peut faire qu'assisté de son curateur ce qui excède la portée d'actes de pure administration. On pourrait voir un acte de pure administration dans l'autorisation de représenter une pièce déjà représentée, peut-être même de faire une nouvelle édition d'un livre ; à la rigueur, permettre une première représentation, une première édition, ne serait-il qu'un acte d'administration, comme n'engageant pas un avenir indéfini. Mais nous résisterions à qualifier d'acte de pure administration l'aliénation à un libraire du droit perpétuel d'éditer l'œuvre.

Si l'auteur est absent, on pourrait dire qu'un acte d'administration pouvant être autorisé par le tribunal au cas de présomption d'absence, et étant loisible à l'envoyé en possession, il y aurait utilité à laisser, dans ces situations, le tribunal ou l'administrateur permettre des représentations ou éditions nouvelles d'une œuvre déjà publiée par l'auteur. Néanmoins, le principe que nous établissons plus loin de l'indépendance de l'auteur et de son droit personnel de ne plus laisser publier son œuvre, ou de ne la laisser publier qu'amendée par lui, vient lutter ici contre les convenances pécuniaires. Ce n'est qu'après l'envoi définitif que la présomption de décès domine assez pour qu'on ne sauvegarde plus l'inviolabilité de la volonté de l'auteur. — A plus forte raison, ce n'est qu'après l'envoi définitif que nous permettrions aux envoyés une première publication du manuscrit : il y aurait peut-être alors à appliquer par analogie la règle que le décret de l'an XIII a édictée pour les œuvres posthumes.

Nous pensons que la femme mariée, même séparée de biens, ne peut publier, sans l'autorisation de son mari, un livre, un tableau, et cela, même sous le voile de l'anonyme ou du pseudonyme. Sans doute, si la femme séparée traite avec un libraire, on peut dire qu'il n'y a là que l'aliénation d'une chose mobilière, bien que de graves opinions n'admettent pas l'aliénation mobilière hors du cercle des actes d'administration ; mais faire un tel traité, c'est organiser la publication. Or la publication n'est pas indifférente aux solidarités de l'honneur conjugal ; un mari peut ne pas désirer que sa femme s'affiche par un ouvrage immoral ou ne jette sur lui-même, par des œuvres sans valeur, un ridicule qui n'épargne pas même toujours les maris de femmes auteurs d'ouvrages remarquables. Il nous semble que non-seulement l'autorisation du mari est nécessaire, mais qu'elle ne peut être suppléée par l'autorisation de justice : l'arène littéraire et artistique est aussi un théâtre (analogie de l'affaire Monbelli). Toutefois la solution serait différente dans certains cas spéciaux : si par exemple la femme est depuis longtemps connue comme peintre, si elle a besoin de cette profession pour vivre, si elle l'exerce avec l'autorisation générale du mari.

CHAPITRE IV.

DURÉE ET ÉTENDUE DU DROIT. — EXERCICE DU DROIT PAR L'AUTEUR LUI-MÊME.

§ 1. — *Durée du Droit.*

La loi du 19 juillet 1866 s'exprime en ces termes :
« La durée des droits accordés par les lois antérieures
« aux héritiers, successeurs irréguliers, donataires et
« légataires des auteurs, compositeurs ou artistes, est
« portée à cinquante ans à partir du décès de l'auteur. »

La durée du droit de l'Etat, considéré comme auteur, est perpétuelle : le point de départ de cinquante ans fait défaut. Cela est regrettable : le projet de 1841 réduisait la durée du droit de l'Etat à trente ans.

Lorsqu'un ouvrage est composé en collaboration, on décide que les cinquante ans ne commenceront à courir que du jour du décès du dernier mourant. Cette solution est juridique : on ne peut admettre une co-propriété entre les survivants et le domaine public.

Nous appliquerons aux œuvres des sociétés savantes, etc., ce que nous avons dit du droit de l'Etat. Le droit sera perpétuel. Quelques personnes ont voulu, au contraire, assimiler ces ouvrages aux œuvres qui sont le produit d'une collaboration : c'est là une confusion entre le droit de divers membres de la société, et le droit du corps savant lui-même, être moral distinct.

Nous avons dit que lorsque l'auteur d'un ouvrage anonyme était véritablement inconnu, l'éditeur était selon quelques juristes considéré comme cessionnaire. Mais quel sera, dans cette opinion le point de départ des cinquante ans ? Ce ne peut être la mort de l'auteur, puisqu'il est inconnu ; ni celle de l'éditeur puisqu'il n'est que cessionnaire. Le projet de la commission de 1862 faisait courir le délai de la première publication. La loi allemande fait de même, art. 11.

Il nous semble difficile, malgré l'absence de texte, qu'on n'adopte pas le même point de départ. La publication est, en effet, dans ce cas, le seul fait qui révèle au tiers l'existence d'un droit d'auteur. Pour nous, qui considérons l'éditeur comme étant l'auteur, nous sommes naturellement conduits à faire courir les cinquante ans du jour de sa mort.

§ 2. — *Exercice du Droit par l'auteur lui-même.*

« Pendant la vie de l'auteur, son œuvre n'est ni fixée ni finie. » (Exposé des motifs de la loi de 1866.)

L'auteur, même lorsqu'il a aliéné le droit de publier toutes les reproductions que son œuvre comporte, n'en est pas moins censé, selon nous, s'être réservé le droit de corriger et de modifier son œuvre. Sa responsabilité morale, sa renommée sont intéressées à ce qu'il conserve cette faculté : d'ailleurs, en France, les changements fréquents du milieu politique peuvent amener des modifications dans les appréciations exprimées par les écrivains. L'œuvre fût-elle purement littéraire, il est bon pour les lettres, que l'auteur, éclairé par la réflexion, la critique, puisse perfectionner ou épurer son œuvre. La plupart des commentateurs et un arrêt de Bordeaux, de 1863, sont en ce sens.

Le droit de correction serait opposable par l'auteur même aux créanciers du cessionnaire saisissant sur celui-ci. Leur gage ne peut être plus étendu que le droit conféré à leur débiteur.

L'auteur mort, ce droit de correction passe-t-il à ses héritiers? On a jugé que des héritiers pouvaient défendre la mémoire de leur parent contre les diffamations, d'où l'on tire la conséquence qu'ils doivent pouvoir prévenir la diffamation, et à plus forte raison une juste critique, en retranchant des passages défectueux ou indignes de la publicité. — Ces raisons ont leur valeur, mais à une condition, c'est que l'ouvrage n'ait encore été publié ni par l'auteur ni par l'héritier. Si l'auteur a publié son œuvre sans la corriger, ou sans manifester l'intention de le faire, l'héritier doit respecter cette volonté. Si la publication a été faite par l'héritier, celui-ci ne pourra plus introduire aucune modification sans le consentement du cessionnaire.

Le droit de l'auteur peut-il être exercé par les créanciers de celui-ci, en vertu de l'art. 1166? Nous ne le croyons pas. Le droit de reproduction est attaché à la personne, car il se lie à la réputation littéraire. — On a soutenu le contraire. M. Lyon-Caen pense que si l'ouvrage a déjà été publié, les créanciers peuvent, après avoir fait fixer à l'auteur un délai pour corriger son œuvre, la publier en ses lieu et place avec l'autorisation de la justice. Le droit de publication fait partie du patrimoine de l'auteur, il est le gage des créanciers, il est pécuniaire. La loi de 1866 consacre le droit des créanciers, par ces mots : « Sauf le droit des créanciers. »

Nous ne pouvons nous ranger à cette opinion.

Tant que l'auteur n'est pas mort, les créanciers ne peuvent exercer le droit de reproduction. Le tempérament qu'on propose, à savoir de faire fixer par justice un délai pendant lequel l'auteur devra corriger son œuvre, outre qu'il est d'une application épineuse, ne remédie à rien. L'auteur peut, en effet, vouloir, non pas corriger, mais supprimer son œuvre. Si tout en est mauvais ou jugé tel par l'auteur ; si les idées du livre ne sont plus celles de l'homme, peut-on forcer celui-ci à faire une seconde édition et à rééditer un péché de jeunesse ? Et d'ailleurs, l'argument tiré de la loi de 1866 n'est nullement concluant. L'auteur, dans l'hypothèse prévue par cette loi, est mort : la situation est tout différente. Sans doute, les créanciers de l'héritier ont le droit d'exercer le droit de reproduction au nom de celui-ci, mais il ne doit pas en être de même des créanciers de l'auteur vivant. La loi de 1866 ne vise que le premier cas, et cette solution est conforme à ce que nous avons dit plus haut du droit de correction vis-à-vis du cessionnaire.

Quant au droit de saisie, on s'accorde généralement à reconnaître, et la Cour de Dijon a jugé, février 1870, qu'on ne peut saisir le manuscrit : ajoutons, les travaux préparatoires de toute œuvre non encore publiée, le tableau non terminé. — Mais le tableau achevé, que le peintre n'a encore ni exposé ni vendu, n'a-t-il pas une valeur vénale qui peut devenir le gage des créanciers ?

Non, suivant nous. L'auteur peut vouer à l'obscurité un tableau qu'il croit pouvoir compromettre sa réputation.

Quant aux exemplaires d'un livre déjà publié, qui se trouveraient en la possession de l'auteur, ce sont des meubles corporels saisissables comme tels.

Depuis qu'on a, il est vrai, en achetant souvent le consentement des intéressés, exproprié par des lois spéciales les concessionnaires de ponts et de canaux, dont les droits résultaient de contrats particuliers faits avec l'Etat, il semble qu'une loi pourrait de même autoriser l'expropriation d'une œuvre littéraire ou artistique. Cependant, nous ne croyons pas qu'on puisse, même par une loi spéciale, acheter et vulgariser un ouvrage durant la vie de l'auteur, si celui-ci n'y consent. Telle était la solution proposée par l'art. 8 du projet de la Commission de 1863.

CHAPITRE V.

TRANSMISSION A TITRE ONÉREUX.

La cession peut porter, soit sur une ou plusieurs éditions à faire d'un ouvrage, soit sur tous les droits qui appartiennent à l'auteur. Tout dépend des conventions des parties, et l'auteur n'est présumé avoir cédé que ce dont il s'est formellement dessaisi. Les formes de la cession sont abandonnées au choix des parties qui peuvent ne pas rédiger d'écrit. Mais certains faits peuvent, sauf preuve contraire, faire présumer une cession. Tels sont la possession du manuscrit en certains cas, ou le fait d'une publication connue de l'auteur, sans qu'il y ait réclamation de sa part.

Le projet de la Commission ministérielle de 1862, orga-

nisait pour la cession des droits d'auteurs, une publicité sys-
métrique à la transcription immobilière. Il est fâcheux que
cette innovation, développée depuis par la loi de l'Allemagne du Nord, n'ait pas pris place dans la loi de 1866,
faite, il est vrai, à l'époque où l'ère parlementaire de l'Empire avait succédé à l'ère législative.

Si l'auteur fait successivement à deux personnes différentes cession de tous ses droits, le cessionnaire premier
en date sera préféré, et l'auteur, par le fait de la cession
postérieure, sera réputé contrefacteur vis-à-vis de ce premier cessionnaire. Cass. 22 février 1817. Cette solution nous
semble un peu rigoureuse, et nous n'accorderions contre
l'auteur qu'une action en garantie.

La Cour de Cassation, 1835, a jugé que l'acte de cession
n'avait même pas besoin d'avoir date certaine; qu'ainsi, la
poursuite peut être intentée en vertu d'un acte sous-seing
privé non enregistré, celui qui est poursuivi en contrefaçon
ne pouvant être considéré comme un tiers au terme de
l'art. 1328. Sans doute, à notre avis du moins, on peut juridiquement dire que le contrefacteur n'est pas un tiers dans
le sens de l'art. 1328, mais cela est-il vrai d'une façon absolue, et notamment quand le cessionnaire le poursuit, non
pas au nom de l'auteur, mais en son propre nom et le traité
de cession à la main? Ce cessionnaire pourra-t-il facilement
être admis à justifier de son droit autrement que par un acte
enregistré, et cela surtout en présence des lois fiscales? Les
partisans du principe d'une propriété littéraire, de droit
commun, peuvent difficilement combattre l'application à
cette propriété des principes et des exigences du droit commun.

Une question délicate est celle de savoir à qui, de l'auteur
ou du cessionnaire, doit profiter l'extension du droit postérieure à la cession. Cette question s'est présentée lors des
remaniements législatifs de 1844, 1854, 1866, et peut encore
surgir. Une jurisprudence à peu près constante, se prononça
en faveur de l'auteur, mais certains commentateurs sont

d'un avis contraire. Nous pensons que l'extension doit profiter à l'auteur. C'est ainsi qu'on a jugé que les biens d'émigrés, restitués en 1814, que l'indemnité accordée en 1825, n'étaient pas censés compris dans une cession de droits successifs faite auparavant. On ne saurait faire profiter gratuitement le cessionnaire d'une extension sur laquelle il n'a pas dû compter, et dont la prévision impossible n'a pu grossir le prix de la cession. Si l'extension profite à l'auteur, c'est que cela est dans l'ordre naturel des choses ; titulaire du droit, il en avait toutes les espérances ; les espérances, il ne les a pas cédées.

Le dernier alinéa du projet de 1866 faisait jouir l'auteur, sauf clause contraire, des avantages nouveaux. Cet alinéa a été emporté dans le rejet de l'alinéa 1, qui prolongeait, dans les termes de la nouvelle loi, les droits non encore éteints lors de sa promulgation. Cette disposition parut au Corps législatif entachée d'une rétroactivité que ne sauva pas la bienveillante intention trop avouée par le rapporteur de la commission législative ; déjà, dans le projet avorté de 1862, la commission ministérielle qui l'avait fait avait rejeté une semblable disposition, bien que, proclamant la propriété, la loi eût un caractère déclaratif qui permettait la rétroactivité.

En général, si la personne de l'éditeur doit être prise en considération au point que sa mort rompe le marché, cela ne peut avoir lieu qu'en tant qu'il s'agit de la première édition : la question, du reste, doit être abandonnée, dans le silence des conventions, à l'appréciation des tribunaux. Néanmoins, nous croyons, que lors même que les syndics offriraient de faire la publication aux conditions convenues, la faillite de l'éditeur serait pour l'auteur une cause suffisante de résiliation.

L'auteur est garant envers le cessionnaire de l'existence même du droit ; tel serait le cas où un auteur vendrait à un éditeur ignorant un ouvrage qui ne serait qu'une copie servile d'un ouvrage tombé dans le domaine public. Mais,

do son côté, l'éditeur est responsable de l'exécution des obligations qui lui sont imposées. Ces obligations ont été ainsi
résumées par M. Pardessus. « La vente d'un manuscrit sans
« aucune réserve, ne donne pas à l'acheteur le droit d'en
« disposer de la manière la plus absolue, par exemple de le
« changer, refondre, augmenter ou réduire. L'éditeur ne
« peut détruire l'ouvrage ni se dispenser de le publier par
« voie d'impression. Le vendeur en recevant un équivalent
« d'un profit que l'ouvrage eût pu lui procurer, n'a pas
« aliéné l'espérance de réputation que peut assurer la pu-
« blicité, parce que c'est une chose inévaluable. »

Le peintre qui a vendu un tableau, n'a pas dans le silence des conventions, conservé le droit d'en faire des
répliques, le sculpteur qui a vendu une statue n'a pas conservé le droit de reproduire le modèle sous la même forme
artistique. Aux yeux de la plupart des amateurs, le plus
haut prix d'un objet d'art tient à sa possession exclusive.
Mais un grand nombre de jurisconsultes soutiennent que le
peintre qui a vendu un tableau n'est pas censé avoir aliéné
le droit de faire reproduire son œuvre par la gravure. Après
un brillant débat en 1841, entre Berryer et Lamartine, la
Chambre préféra ce système au principe contraire du
projet de loi. On prétend que ce vote contribua, grâce à
de hautes influences froissées de ce que les peintres pourraient ainsi faire graver les tableaux de royales galeries, à
faire rejeter l'ensemble du projet. On objectait que l'acquéreur peut refuser au graveur l'accès du tableau, que la propriété de cet acquéreur se trouve déflorée, par la vulgarisation résultant de la gravure, de la lithographie ou de la
photographie. La jurisprudence décide que le droit de gravure passe à l'acquéreur avec le tableau : à l'arrêt Cham-
bres réunies de 1842, on peut ajouter un arrêt de la Cour
de Cassation, de 1868 (12 juin). En ce sens est la loi portugaise.

Nous ne pouvons adopter cette dernière interprétation.
Suivant nous, l'auteur conserve le droit de reproduire ou

faire reproduire son œuvre, par tout mode autre que celui qui a donné naissance à l'œuvre elle-même. Quel a été l'objet de la vente? Un corps certain, un objet matériel, un tableau. Pourquoi comprendre dans cette vente précise et déterminée un droit incorporel distinct, le droit de reproduction par un autre procédé? Parce que, dit-on, si l'auteur pouvait répandre dans le public des gravures reproduisant le tableau, la propriété de l'acquéreur se trouverait déflorée. Nous le nions absolument. — Autre chose est la gravure, autre chose est le tableau. La loi fondamentale de 1793, fait de la gravure une propriété distincte.

La célébrité et l'importance du tableau, loin d'être diminuées, ne peuvent qu'être augmentées par la gravure, qui le fait connaître, apprécier, éveille le désir de voir l'original, d'en admirer l'effet d'ensemble, la couleur. Car enfin, la couleur est quelque chose dans un tableau, tout même parfois. Si nous proscrivons la réplique, c'est qu'il y a là entre la réplique et l'original, grâce à l'identité de modes de re·productions, concurrence et rivalité inévitable.

Mais, a-t-on dit, l'acquéreur mettra obstacle à toute reproduction, en interdisant l'accès du tableau. Une porte fermée n'est pas un argument. Que l'acquéreur mette ou non son tableau sous clef, en quoi cela peut-il influer sur les droits appartenant au peintre? D'ailleurs, la controverse a une portée plus haute; il s'agit de savoir si un artiste, après avoir vendu un tableau, peut user de tous les modes de reproduction autre que la peinture. Il peut donc, quand même l'approche du tableau lui serait interdite, grâce à ses cartons, à ses ébauches, faire des reproductions totales ou partielles. Nous n'en pouvons douter, malgré l'objection qu'on a parfois introduite, à savoir que le pacte obscur s'interprète contre le vendeur. Il n'y a point ici d'obscurité : il y a une chose vendue; nos adversaires veulent qu'il y en ait deux, ce que nous ne croyons pas possible à moins de clause expresse. — Telle est la question réduite à sa plus grande simplicité.

CHAPITRE VI.

TRANSMISSION A TITRE GRATUIT.

Nous n'avons à parler que de la transmission par succession. Il est évident que les règles de droit commun s'appliquent à la transmission entre vifs à titre gratuit.

La loi de 1800 a consacré plusieurs dérogations au Code civil, en matière de transmission par succession.

Le Code civil, art. 767, n'appelle le conjoint qu'à défaut d'autres parents au degré successible, légitimes ou naturels; mais depuis longtemps déjà, nombre de jurisconsultes et de publicistes tendent à faire attribuer à l'époux une place plus en rapport avec l'affection du défunt. Un projet de loi en ce sens a été déposé sur le bureau de l'Assemblée nationale. Le décret de 1810, les lois de 1844 et de 1854 avaient créé, étendu, le droit de la veuve. La loi de 1800 ne s'est pas écartée de ces traditions spéciales. D'après l'alinéa 2 de l'art. 1", pendant les cinquante ans qui suivront le décès de l'auteur, « le conjoint survivant, quel « que soit le régime matrimonial, et indépendamment des « droits qui peuvent résulter en faveur de ce conjoint du « régime de la communauté, a la simple jouissance des « droits dont l'auteur prédécédé n'a pas disposé par acte « entre vifs ou par testament. »

Et plus loin, alinéa 5 : « Les droits des héritiers à réserve « et des autres héritiers ou successeurs, pendant cette pé- « riode de cinquante ans, restent d'ailleurs réglés confor- « mément aux prescriptions du Code Napoléon. »

Voici donc quel est l'ordre successoral établi par la nouvelle loi : Les héritiers sont appelés dans l'ordre réglé par le Code civil; mais, concurremment et indépendamment de sa qualité possible d'héritier ordinaire, d'après le Code civil, le conjoint survivant a un droit de jouissance. Ce droit, dit l'article, est indépendant du régime matrimonial.

Nous aurons, dans le chapitre suivant, à voir quelle peut être l'influence du régime matrimonial sur la situation du conjoint, et nous n'envisageons maintenant le conjoint qu'en qualité d'héritier.

En quoi consiste cette jouissance? Quelle en est la nature?

Le décret du 5 février 1810 disait : « La propriété est « garantie à l'auteur et à la veuve, si les conventions ma- « trimoniales lui en donnent le droit. » L'interprétation la plus naturelle de ce texte aurait conduit à dire que le droit de la veuve n'était autre que la propriété du mari se conti- nuant sous la même dénomination et avec les mêmes avan- tages. Toutefois, presque toutes les opinions ne regardaient la veuve que comme une espèce d'usufruitière tenue de respecter le fond du droit. On s'appuyait sur ce que le décret de 1810 ajoutait : « et à leurs enfants pendant vingt ans. » La veuve ne pourrait aliéner son droit pour un temps postérieur à son décès, disait-on, et tel était aussi l'avis de M. Renouard, sauf quelques tempéraments d'équité.

Cette opinion semble avoir été partagée, lors de la dis-· cussion de la loi de 1866, par un des commissaires du gou- vernement et par le rapporteur de la Commission du Corps législatif. La Commission n'a pas paru voir dans les mots de son projet « simple jouissance, » une véritable innovation, mais plutôt une consécration d'une doctrine accréditée. « Le décret de 1810, dit le rapporteur de la Commission, « a créé, en matière de propriété littéraire, un usufruit qui « ressemble à l'ancien douaire. La veuve, outre les avan- «. tages ordinaires de la communauté, est investie d'un usu- « fruit viager sur la totalité du droit qu'avait son mari. »

En étendant ce droit à tous les régimes, et l'appliquant même au mari veuf, la Commission a voulu, d'ailleurs, par ces mots de « simple jouissance, » lever tous les doutes sur l'interprétation législative qu'elle donnait des droits résul- tant du décret de 1810. Ceux qui signalent ces mots de « simple jouissance, » comme une innovation grave, n'ont peut-être pas assez remarqué cet enchaînement d'idées qui unit la loi de 1866 au décret de 1810, ou au moins à son interprétation la plus générale.

Cette expression appartient, du reste, à la Commission. Le projet de loi laissait le droit tel qu'il était, et il faisait courir les 30 ans du décès *du dernier mourant des époux*. La Commission a remplacé le délai de trente ans par un délai de cinquante ans commençant à courir le jour *du décès de l'auteur ;* elle a contenu dans ces cinquante ans le droit du conjoint survivant ; elle a qualifié ce droit de simple jouissance, pour indiquer l'indisponibilité du fond du droit ; elle a refusé cette jouissance au conjoint contre lequel aurait été prononcée une séparation de corps, subsistant lors du décès, ou à celui qui, contractant un nouveau mariage, cesse d'être considéré comme entretenant le culte exclusif de la mémoire du défunt. Que ce soit là un progrès, comme l'a dit le rapporteur, ou une complication, comme l'ont soutenu des commentateurs, cette œuvre a soulevé, lors de la discussion, des doutes qui se sont propagés depuis, et qui nous semblent devoir être examinés.

Le conjoint, a-t-on dit, devra restituer le capital des bénéfices par lui perçus au moyen des ventes qu'il aura pu faire, de la faculté d'éditer ou de jouer. Les produits d'une vente ne sont pas des fruits, car ils n'ont pas le caractère de perception périodique.

Qu'importe ? La loi ne prononce pas le mot d'usufruit ; en supposant qu'elle le prononçât, est-ce que l'usufruitier ne jouit pas de produits non périodiques, pourvu que la source ait été ouverte avant le commencement de l'usufruit (598, Mines et carrières ?) Or, ici, la propriété littéraire a commencé avant le décès de l'auteur.

Nous irons plus loin. Sur quoi s'appuie-t-on pour affirmer que les fruits sont des productions périodiques ? Les fruits sont les produits conformes à la destination de la chose, et les bénéfices de la vente d'une édition, d'un usage du droit, ont ce caractère.

La loi accorde au conjoint la jouissance des droits d'auteur. Ce que veut le système que nous combattons, c'est lui accorder la jouissance *des bénéfices* de ce droit. Est-ce là interpréter exactement le texte de la loi, et y a-t-il bien là matière à une critique sérieuse?

Mais, a-t-on dit encore, le conjoint, en autorisant des éditions ou représentations quand l'œuvre n'a pas encore perdu toute sa fraîcheur, ne laissera aux héritiers qu'un droit épuisé en fait. Épuisé légalement même, ajouterons-nous, si le conjoint survit cinquante ans. — Cela dérive de la force des choses, et n'a rien de spécial à notre matière : l'usufruitier d'un droit temporaire peut l'épuiser, pour peu que son usufruit se prolonge. La mine est épuisée, le nu-propriétaire en souffrira ; le succès de l'œuvre est exploité, les héritiers de l'auteur en pâtiront. L'usufruitier, comme le conjoint, n'ont fait qu'user de leur droit. — La loi a voulu que la première période d'exploitation fût au profit du conjoint : elle ne lui a refusé que le *jus abutendi*, la faculté de disposition du fond du droit.

Ainsi, le conjoint survivant ne pourra vendre le droit général de faire des éditions ou représentations, ni accorder le droit de reproduction pour un temps qui excéderait sa propre vie. — Il ne s'agit pas ici de baux, qui, actes d'administration nécessaires, peuvent quelquefois survivre à l'usufruitier. Si le cessionnaire de la jouissance édite ou fait éditer après la mort du conjoint, il devient contrefacteur.

Quel est donc le nom légal qui convient à ce droit du conjoint? Pourquoi a-t-on reculé devant le mot d'usufruit? La raison donnée d'éviter l'obligation de fournir caution n'est pas sérieuse. La Commission du Corps législatif n'a pas voulu prononcer le mot d'usufruit, trop corrélatif du mot propriété, qu'on n'a pas voulu impatroniser, à cause de ses prétentions, dans le texte de la loi nouvelle. — Acceptant ce motif, nous ajoutons que le mot de jouissance fait partie du langage légal (549) : le but poursuivi par les rédacteurs est atteint : personne ne peut soutenir que la faculté de disposer du fond du droit appartienne au conjoint survivant.

L'un des commissaires du gouvernement a déclaré que les principes de l'usufruit continueraient à régler suffisamment les positions respectives du conjoint survivant et de l'héritier expectant. Il a cherché aussi des analogies entre le conjoint et le grevé de substitution, en ce sens que, s'il y a, d'ailleurs, de graves différences entre les deux situations, elles ont ceci de commun que le conjoint, comme le grevé, doit, à sa mort, laisser intact le fond du droit.

L'interprétation de 1866, qui qualifie le droit de simple jouissance, est raisonnable et en harmonie avec l'esprit des douaires coutumiers, avec des projets français et des lois étrangères qui accordent plus facilement au conjoint survivant un usufruit qu'une pleine propriété.

Une autre disposition, émanée de la Commission du Corps législatif, a été critiquée. La loi ne veut pas que cette jouissance du conjoint, qu'on estimera suivant les probabilités de la durée de sa survie, entame la réserve des héritiers. Mais au lieu de renvoyer aux règles de la quotité disponible entre époux, qui sembleraient naturellement devoir s'appliquer, la loi de 1866 se réfère aux art. 913 et 915. Pourquoi donc la loi n'a-t-elle pas visé l'art. 1094 ? La réponse du rapporteur de la Commission à cette question posée par M. Picard, ne paraît pas précise. A-t-on voulu disgrâcier cet article 1094, source d'embarras en certains cas, article que dès 1851 M. Bourzat, dont la commission d'initiative n'a pas repoussé les idées, proposait de retrancher du Code ?

Il faut que, quelles que soient les combinaisons du Code civil quant aux réserves, celle des enfants et descendants ne soit pas atteinte par la jouissance légale du survivant. La loi de 1866 montre, sans doute, sur ce point, une assez grande indépendance à l'égard du Code civil, mais la jouissance de la veuve elle-même, créée dès 1810, n'était-elle pas un grand acte d'indépendance à l'égard du Code civil, commis par celui même dont ce Code portait le nom ?

Si l'auteur avait légué expressément ladite jouissance au conjoint, c'est alors l'art. 1094 qui régirait la quotité disponible, quant à ce legs, comme relativement aux autres dispositions.

Mais aux termes des art. 913 et 915, la réserve ne s'applique qu'à l'encontre de *libéralités* faites soit par actes entre vifs, soit par testament. Il y a ici une réserve renvoyant à ces articles. Cette jouissance est-elle donc une donation ou testament ? N'est-ce pas plutôt une véritable succession *ab intestat* ? Comment comprendre alors le mot de réduction employé par la loi ?

On a dit que cette jouissance n'était que l'exécution des intentions probables de l'auteur, qu'une libéralité présumée, présomption que l'auteur eût pu détruire de son vivant. S'il ne l'a pas fait, il y a donation tacite et partant le mot de réduction est juste.

Cette explication ne nous satisfait point. Toutes les successions *ab intestat*, fondées sur l'affection présumée, sont aussi des actes de disposition tacite : La loi fait le testament du défunt. Et d'ailleurs, chose qui n'a point été suffisamment mise en lumière, cette jouissance, si elle était une libéralité présumée, constituerait un véritable gain de survie, sous-entendu dans le contrat de mariage du défunt, non dans son testament, et les avantages aléatoires de ce genre, faits entre époux par contrat de mariage, ne sont pas réductibles. La présomption de libéralité ne peut donc servir à expliquer le mot de réduction.

Nous aimons mieux dire franchement que le mot réduction est impropre, si on l'entend dans le sens technique, que lui donne le Code art. 920 et autres, mais que le mot est juste dans son sens général et vulgaire. Dès qu'une disposition des lois sur la propriété littéraire n'est pas déraisonnable, il ne faut pas être scandalisé de voir sa qualification et son caractère, faisant partie d'une législation exceptionnelle, être étrangers à la terminologie et aux institutions du Code qui, d'ailleurs, n'est pas toujours en cette matière, fidèle à son propre vocabulaire, par exemple, quand l'art. 844 appelle rapport une véritable réduction.

Comment et à quelle date réduira-t-on cette jouissance? Nous pensons que ce droit de jouissance n'étant pas le résultat d'une donation, mais n'étant, sans ressembler d'ailleurs à un legs, assuré définitivement, comme le legs, que par le décès, il doit subir le sort des droits qui n'étant consolidés que par le décès, sont égaux entre eux au moment du décès, qu'il y a donc lieu d'opérer la réduction au marc le franc avec les legs, art. 926.

Doit-on appliquer en notre matière l'article 917, d'après lequel l'héritier à réserve, en présence d'un legs d'usufruit excédant, peut-être, la quotité disponible, doit opter entre l'abandon de la pleine propriété de cette quotité toute entière ou l'acquittement intégral du legs? Nous ne le croyons pas. L'art. 917 est spécial, il est même fort douteux qu'il s'applique au cas inverse de celui qu'il prévoit, à plus forte raison doit-on en rejeter l'application dans une matière où il n'y a ni propriété, ni usufruit, mais bien droit *sui generis* et jouissance de ce droit; d'ailleurs, nous le répétons, la jouissance accordée par la loi au conjoint ne peut être assimilée à un legs. — Cass. 7 juillet 1859.

Nous arrivons maintenant à une autre dérogation apportée au régime successoral du Code civil, par la loi de 1866; elle concerne le droit de l'Etat.

« Lorsque la succession est dévolue à l'Etat, le droit ex-
» clusif s'éteint sans préjudice des droits des créanciers et de
» l'exécution du traité de cession qui ont pu être consentis
» par l'auteur ou par ses représentants. »

Si la loi ne s'en était exprimée, l'effet de la dévolution à l'Etat aurait été d'attribuer à celui-ci, pendant cinquante ans, le droit exclusif de reproduction.

La loi de 1866 a consacré un système plus conforme à

l'intérêt général, système suivi depuis par la loi de l'Allemagne du Nord, du 10 juin 1870.

Les restrictions contenues dans l'article, s'expliquent d'elle-mêmes; on ne pouvait priver un cessionnaire qui devait compter sur un droit de cinquante ans, des bénéfices qu'il avait payés. Quant aux créanciers, la même raison fait continuer à leur profit le droit exclusif tant qu'ils ne sont pas désintéressés par l'État. La mort de leur débiteur ne peut porter atteinte à leurs droits.

CHAPITRE VII.

EFFETS DU MARIAGE QUANT AUX DROITS D'AUTEUR.

Le produit des autorisations d'imprimer, de représenter accordées pendant le mariage, tombe dans la communauté, quel que soit à cet égard, le sort du fond du droit, propre ou commun.

Ce droit lui-même, ce qu'on appelle la propriété littéraire, tombe-t-il en communauté? Si l'auteur, pendant le mariage, aliéne son droit, le prix de cette aliénation ne tombera-t-il en communauté que provisoirement et sauf récompense, ou au contraire, définitivement?

La plupart des auteurs admettent, et plusieurs avec regret, que le droit d'auteur tombe dans la communauté légale si l'ouvrage n'est composé que pendant le mariage, le droit sur cette œuvre, n'étant que le fruit de l'industrie (1408), doit tomber dans la communauté, fut-elle même réduite aux acquêts.

C'est ici d'ailleurs, que trouvent leur place les considérations de certains jurisconsultes, qui, comme Troplong, voient dans la mise en communauté une rénumération due à la femme, dont la dot, l'économie, ont dégagé le mari des préoccupations qui auraient troublé son travail, dont l'affection a partagé les joies et consolé les chagrins de l'auteur. De même, si c'est la femme qui écrit, le mari, dans les sourires publics, est regardé comme vaquant aux soins du ménage.

Si l'ouvrage a été composé avant le mariage, la raison principale qui porte la plupart des jurisconsultes à mettre le droit dans la communauté légale, est que ce droit, n'étant pas immobilier, doit être considéré comme un meuble, puisqu'une fiction légale fermée (516) veut que tous les biens soient meubles ou immeubles.

Quelque personnel au mari que soit le titre d'un office, la valeur vénale de cet office entre dans la communauté. Il y a peu de doutes quant aux brevets d'invention, même pris avant le mariage. Ces résultats sont peu en harmonie avec les mœurs et les besoins de la société actuelle. En présence du Code, on est obligé de recourir à des contrats de mariage, qui, par une chaîne de clauses dérogatoires, réduisent la communauté aux acquêts ; un écrivain, en se mariant, prendra les mêmes précautions quant aux droits d'auteurs nés avant le mariage, et pourra, sans blesser l'ordre public, exclure de la communauté même d'acquêts, ses œuvres postérieures, quoique fruit de son industrie.

Des textes spéciaux sont aussi invoqués à l'appui de l'opinion qui fait tomber en communauté les droits d'auteur. Le décret du 5 février 1810, laisse la propriété à la veuve, « si ses conventions matrimoniales lui en donnent le droit. » On semble d'accord pour ne pas lire : « si le droit a été mis en communauté, » mais au contraire « si le contrat n'a pas exclu de la communauté la propriété littéraire ou le mobilier en général, et si la femme accepte la communauté. » — Quand la loi de 1866, à côté de la jouissance qu'elle accorde au conjoint survivant, porte ces mots : « indépendamment des droits qui peuvent résulter en faveur de ce conjoint du régime de la communauté, » faut-il dire qu'elle a songé au cas où une communauté conventionnelle aurait mobilisé le droit d'auteur, propre en général, ou ne faut-il pas plutôt admettre l'idée plu· simple, déjà reçue presque générale-ment avant 1866, que le droit entre dans la communauté légale?

D'autres commentateurs, tels que M. Renouard et M. Ber-tauld, semblent exclure de la communauté le fond du droit; mais c'est une opinion utilitaire, créée surtout en vue de re-médier aux inconvénients qui pourraient se présenter lors de la dissolution du mariage. Nous y arriverons plus tard.

Admettant, sous le joug d'une législation imparfaite, que le droit tombe en communauté, notre esprit rencontre des difficultés. — Si c'est la femme qui est l'auteur, le mari peut-il vendre, donner à·titre particulier, le fond du droit sans le consentement de sa femme? Nous croyons que les principes sur l'indépendance personnelle de l'auteur, en ce qui concerne la faculté de reproduction, s'opposent à l'ap-plication des règles du Code en ce qui touche le mari commun.

Ces considérations nous conduiraient même plus loin, quoique la permission donnée par le mari à un libraire ou à un directeur du théâtre pour un ou plusieurs faits de pu-blication ne soit qu'un acte d'administration, nous lui en refuserions la latitude, sans le consentement de la femme auteur. Celle-ci peut ne pas vouloir qu'on réédite ou qu'on joue son œuvre, et c'est là le plus intime et le plus invio-lable des droits d'auteur.

Mais, dira-t-on, puisqu'on peut, dans le silence des textes, tirer ces conclusions de la nature même du droit de l'auteur, pourquoi n'en pas déduire aussi, dans le silence des textes, le caractère de propre? Nous ferons remarquer qu'il y a des textes déclarant que tout droit mobilier est commun, et ensuite, que le caractère de propre ne suffirait pas pour en-lever au mari le droit de permettre une édition, malgré la femme auteur, puisque le mari a l'administration des pro-pres. Il faut, pour protéger la femme, recourir au principe de l'inviolabilité de la volonté personnelle de l'auteur. Ce principe suffit, parce qu'il garantit ce qui est, à nos yeux, le côté le plus élevé, et nous abandonnons aux textes le règlement de la question d'argent.

En résumé donc, le mari est-il l'auteur ? Pas de difficultés ; les droits de mari et d'auteur convergent. La femme est-elle l'auteur ? la communauté jouira des produits d'éditions isolées et de la vente même du fond du droit ; mais ni la vente du fond du droit, ni celle de permissions isolées ne pourront être faites sans le consentement de la femme.

Nous appliquons les mêmes principes au cas du mari jouissant et administrant sous le régime dit exclusif de communauté. Pas de difficulté au cas de séparation de biens ou de paraphernalité de droit d'auteur, puisque le mari n'administrerait que comme mandataire de la femme auteur. Si le droit est dotal, et qu'on le considère comme chose mobilière aliénable par le mari, nous dirons encore qu'il ne peut l'aliéner sans le consentement de la femme auteur.

C'est ainsi que, pendant le mariage, nous croyons pouvoir concilier les résultats regrettables des principes du Code sur les meubles incorporels et sur la communauté légale, avec les réserves d'ordre supérieur inhérentes à la nature des droits de l'auteur vivant. Ce n'est pas le seul cas où des considérations de moralité, de dignité personnelle, se sont fait place outre ou contre les dispositions légales ; ainsi, nous avons rappelé que, si l'autorisation de justice peut en général suppléer celle du mari, on a jugé qu'il ne pouvait en être de même dans le cas, non prévu par la loi, où il s'agirait de faits intéressant l'honneur solidaire du ménage et la discipline domestique.

Là où il s'agit de la considération, du repos de l'auteur, il a une indépendance de volonté personnelle qui domine l'intérêt pécuniaire ; mais, dès que la volonté personnelle n'est plus en jeu, la question d'argent ressaisit tout son empire.

Supposons maintenant qu'il ne s'agit plus de l'auteur, mais de son héritier. Aucun inconvénient à ce que cet héritier apporte la propriété littéraire en communauté. Remarquons que si on prétend que le droit a un caractère de propre, on est obligé d'admettre ce caractère même chez l'héritier de l'auteur, même chez l'héritier du cessionnaire. Aucune des restrictions que nous avons indiquées ci-dessus, ne trouvera d'application, lorsque le droit ne sera pas né en la personne du conjoint; c'est l'auteur, et non le possesseur par hérédité ou par spéculation d'un droit d'auteur que nous entendons protéger.

Nous arrivons à la dissolution de la communauté; de nouvelles difficultés vont surgir.

Premier cas. — L'auteur prédécédé. Le conjoint survivant aura : à titre d'époux commun, la moitié de la propriété du fond du droit; à titre de conjoint, la jouissance de la totalité du droit. Les héritiers de l'auteur n'auront donc que la nu-propriété de la moitié du droit.

Second cas. L'auteur survit. C'est l'auteur qui conservera la jouissance du tout et la propriété de la moitié.

Mais ici, nous arrivons à un résultat déplorable. L'auteur est dépouillé d'une partie de son droit, par le fait étranger de la mort de son conjoint ; le droit est dans l'indivision, l'auteur n'est plus le maître, dès lors, de publier, de rééditer à son gré, ou d'empêcher la publication ou la licitation. C'est pourquoi des jurisconsultes considérables, frappés de ces résultats, n'ont pas hésité à déclarer que le droit ne devenait commun qu'au jour du décès de l'auteur. Solution manifestement fausse, car dans une matière où les textes manquent, on doit au moins respecter les principes. D'autres ont accepté ce résultat en indiquant comme remède une licitation ordonnée par le tribunal : nous-même avons partagé cette opinion, dans un cas d'indivision, mais tout différent de celui-ci. Il s'agissait d'une indivison résultant d'une collaboration, et l'on supposait que les co-auteurs n'étaient pas d'accord pour publier. La licitation, disions-nous sera, le seul remède ; en effet, les droits sont égaux, nous nous trouvons en présence de plusieurs auteurs, et une solution est nécessaire. En est-il de même ici ? nous ne le croyons pas. Il n'y a qu'un auteur, en conflit avec les héritiers, dont le droit procède en quelque sorte du sien, puisque ces héritiers ne se présentent que comme succédant aux droits du conjoint commun. Voici donc, suivant nous, ce qui se passera : Le survivant, auteur ou non, a incontestablement la plus forte partie du droit, puisqu'il a une part égale à celle des héritiers du défunt, et, de plus, la jouissance de la totalité : d'autre part, le droit est indivisible dans l'exercice, et une attribution exclusive est obligatoire. Le conjoint survivant devra donc avoir la totalité du droit, sauf à indemniser les héritiers du conjoint, pour la nu-propriété qui cessera de leur appartenir.

Ce système, qui n'est au fond que l'application par analogie de l'art. 866, nous paraît avoir de grands avantages. Si l'auteur survit, il conserve l'intégralité de son droit, sans que l'on soit obligé de sortir violemment des bases du Code pour arriver à dire que ce droit reste propre. Le droit reste tout entier dans la même main : point de conflit, point d'intervention judiciaire dans les affaires privées ; les héritiers du conjoint prédécédé y trouvent eux-mêmes un avantage, puisqu'au lieu d'une nu-propriété, qui serait peut-être devenue pour eux un vain mot, pour peu que la jouissance du conjoint survivant se prolongeât, ils acquièrent une somme fixe, définitivement, immédiatement.

Que si nos solutions paraissent un peu hardies, voici un autre système nous exposons sans l'adopter : c'est celui de la licitation ou celui de l'intervention du juge, que nous avons admise comme remède au cas d'indivision par suite de collaboration et de discord entre les co-propriétaires sur la question de savoir si on fera ou non de nouvelles publications.

La licitation ne peut être demandée par le plein propriétaire à l'usufruitier ; mais le conjoint survivant, nu-proprié taire de la moitié en face des co-héritiers nu-propriétaires de l'autre moitié, et ce en vertu de la communauté conjugale, ne peut-il demander la licitation entre les droits égaux de nu-propriétaire, laissant planer sur le tout son usufruit légal? Si les deux nu-propriétés lui sont adjugées, il réunit le tout; plus de tiraillements sur l'exploitation. Si les deux deux nu-propriétés sont adjugées aux héritiers co-licitants ou à des tiers, tout est encore fixé : le conjoint survivant garde son usufruit, et exploite librement pour la durée de son usufruit ; seulement, si ce survivant est l'auteur, il est réduit à un usufruit, ce qui, suivant nous, condamne ce système.

Si cet expédient paraît légalement impossible, on pourrait accorder que, appelé à statuer au cas de dissentiment sur l'exploitation, le juge aura le droit d'ordonner l'attribution au conjoint survivant, surtout si c'est l'auteur, de la plénitude du droit, sauf récompense aux héritiers? Dès qu'on admet le pouvoir du juge, d'obvier aux conflits sur l'exercice du droit, tous les moyens de tarir la source des conflits sont compris dans l'office du juge ; mais, nous le répétons : nous préférons de beaucoup le système indépendant du juge, qui permet au conjoint survivant, surtout si c'est l'auteur, d'attirer à lui tous les démembrements du droit, d'en reconstruire à son profit l'unité, en payant aux héritiers le tribut dû à la question d'argent.

CHAPITRE IX.

SANCTION DU DROIT. — COMPÉTENCE. — PRESCRIPTION.

§ 1. — *Sanction du Droit.*

Toute usurpation du droit exclusif de l'auteur ou de son ayant-cause, constitue le délit de contrefaçon.

Cette définition nous montre que l'auteur ou le cessionnaire peuvent être eux-mêmes contrefacteurs : le premier, s'il fait une publication au mépris de la cession; le second, s'il dépasse les droits que lui confère la cession, le nombre d'exemplaires qu'elle lui permet de tirer, etc.

En dehors du délit de contrefaçon, il peut y avoir des faits dommageables donnant lieu à réparation civile. Mais le Code pénal, art. 425 et suivants, ne punit que trois sortes d'actes frauduleux :

La contrefaçon proprement dite ou fabrication illégale d'un ouvrage privilégié ;

Le débit d'un ouvrage *contrefaisant* ;

Son introduction en France.

Pour qu'il y ait délit, il faut la réunion de trois conditions suivantes :

1° Défaut de consentement de l'auteur;

2° Préjudice possible ;

3° Mauvaise foi.

La nécessité de ce dernier élément a été contestée : il n'existe pas en matière de brevet d'invention ; mais la jurisprudence est aujourd'hui affermie sur ce point. La mauvaise foi est nécessaire, car la contrefaçon est un délit, non une simple contravention.

Remarquons cependant que le seul fait de publication non autorisée, crée contre l'auteur de cette publication une présomption de mauvaise foi; ce sera donc au défendeur à prouver sa bonne foi. Cass. 24 mai 1855. On pourrait dire aussi qu'un libraire-éditeur ne pourra alléguer avoir ignoré les faits publiés par le *Journal de la Librairie*, et qu'il y a mauvaise foi à ignorer volontairement ce qu'on est professionnellement obligé de savoir.

La contrefaçon consisterait dans le seul fait de l'impression commencée, quoique encore inachevée ; elle peut, du reste, être totale ou partielle.

Il importe de ne pas confondre la contrefaçon partielle avec le plagiat. Il y a plagiat lorsqu'un auteur imite ou copie des passages d'un autre ouvrage, en se les attribuant.

Si le plagiat cause un préjudice à l'auteur copié, il peut y avoir contrefaçon. Sinon, le plagiaire n'est justiciable que de l'opinion publique, autrefois impitoyable, mais aujourd'hui parfois ignorante ou blasée.

L'auteur qui reproduirait, en se les attribuant, des passages d'un autre auteur dont les ouvrages sont dans le domaine public, serait plagiaire ; il ne serait pas contrefacteur.

Passons en revue quelques exemples de contrefaçon partielle. Les citations textuelles d'un auteur, ne sont des contrefaçons qu'autant quelles sont assez nombreuses et assez importantes pour porter préjudice à l'auteur cité, en satisfaisant assez la curiosité d'un certain nombre de lecteurs pour les dispenser d'acheter l'ouvrage complet. Mais il faut tenir compte des droits de la critique, qui souvent ajoute à la réputation de l'auteur cité : n'est pas critiqué qui veut.

Une parodie pourrait être quelquefois une contrefaçon déguisée. Paris, 8 avril 1842.

Quant à la traduction d'un ouvrage, nous croyons qu'elle constitue une contrefaçon si elle n'est pas autorisée de l'auteur. Des doutes se sont élevés à cet égard; on a dit que la traduction, loin de causer un préjudice à l'auteur, ne faisait qu'augmenter sa réputation, sans diminuer les produits de l'œuvre, puisque la traduction ne s'adressait pas aux mêmes lecteurs que le texte.

Ceci d'abord n'est pas toujours vrai. Un arrêt a eu à statuer sur la traduction en français du Codex, rédigé en latin ; or, évidemment, le texte latin était d'un usage universel.

Et de plus, toutes les formes sous lesquelles peut se présenter un ouvrage appartiennent à l'auteur. Le traducteur prend le titre, le sujet, les phrases, les idées, les arguments, tout, excepté la langue.

Il est vrai que les traités de réciprocité ont jugé utile d'atteindre les traductions, que des auteurs ont soin d'indiquer que les droits de traduction sont réservés.

Le projet de loi de 1862 n'accordait le droit exclusif de faire ou permettre de traduction que pendant cinq ans. La loi allemande le fixe à une année.

Nous avons vu que le traducteur a un droit exclusif sur sur l'œuvre traduite. Ce droit lui appartiendra-t-il, si la traduction est elle-même une contrefaçon? Cette question fort intéressante peut se présenter sous cette forme plus générale : Un ouvrage immoral ou illicite a-t-il droit à la protection?

On s'accorde à reconnaître que l'action en contrefaçon doit être refusée à l'auteur d'un ouvrage qui n'est lui-même qu'une contrefaçon, aussi bien qu'à l'auteur d'ouvrages contenant des offenses à la morale publique.

Il y a, sur ce point, une décision célèbre de lord Eldon, que M. Laboulaye a traduite. L'action en contrefaçon est refusée. Il n'y a pas à craindre que les ouvrages coupables se multiplient, car le ministère public pourra poursuivre à un autre titre, la reproduction de l'œuvre condamnable. Si toutefois, ajoute lord Eldon, l'auteur manifestait la volonté de supprimer son livre, il faudrait accorder une défense (*injunction*), pour empêcher la contrefaçon. « Car, s'il est impossible d'admettre qu'un écrivain tire un profit matériel de son délit, il est trop juste qu'on ne puisse lui créer de nouveaux torts, et ajouter malgré lui à sa criminalité. »

Nous avons dit que, depuis le décret du 28 mars 1852, les art. 426 et 427 du Code pénal, sur l'introduction d'ouvrages contrefaisants sont applicables à l'exportation des contrefaçons faites en France d'ouvrages publiés à l'étranger.

La simple détention constitue un délit spécial. Il n'est pas nécessaire qu'il y ait eu exposition et mise en vente ; la possession par un libraire suffit, ou tout au moins la possession dans son magasin, etc. Analogie de la loi de 1851 sur les faux poids, etc.

§ 2. — *Compétence.*

La partie lésée peut choisir entre la justice civile et le tribunal correctionnel (¹) : Le ministère public qui requiert comme partie jointe lorsque le lésé a porté au correctionnel son action directe, peut aussi poursuivre d'office, puisqu'aucun texte, à la différence de brevet d'invention, ne subordonne son action à la plainte de la partie. Le ministère public poursuit l'application, non-seulement des amendes édictées par l'art. 427 du Code pénal, mais aussi de la confiscation, quoique le produit de celle-ci soit affecté à la partie lésée, qui seule peut réclamer de plus amples dommages-intérêts.

D'après le Code pénal, différant en cela de la loi de 1793, le juge est maître d'apprécier les dommages-intérêts.

Cette confiscation embrasse l'objet du délit, et aussi les instruments spéciaux, comme planches, moules, etc., mais non les presses qui n'ont pas été fabriquées exprès pour commettre le délit. Si la contrefaçon n'était que partielle, la confiscation pourrait, sans doute, ne pas être ordonnée ; les dommages-intérêts seraient alloués en conséquence. Autrement, on arriverait à punir la contrefaçon partielle, délit moins préjudiciable que la contrefaçon totale, plus sévèrement que celle-ci.

La loi de 1793 autorise la partie lésée à faire saisir partout l'objet du délit : les juges de paix, les commissaires de police, les autres officiers de police et les préposés des douanes, pour les livres venant de l'étranger, sont tenus de saisir quand ils en sont régulièrement requis par l'auteur, sans

---

(¹) Si le délit est commis par un militaire, c'est la compétence du Conseil de guerre ! Le Code militaire de 1857 a omis de renvoyer ces délits à la juridiction ordinaire. Mais le Conseil de guerre ne pourrait connaître des dommages-intérêts, ni des confiscations qui en ont le caractère.

préjudice du droit et du devoir qu'ils ont de saisir de leur propre mouvement.

Si le défendeur soutient que c'est à lui qu'appartient le droit exclusif sur l'ouvrage prétendu contrefait, ou que le demandeur n'a pas le droit exclusif, le tribunal correctionnel sera-t-il tenu de surseoir à statuer jusqu'à ce que la question de propriété ait été jugée par le tribunal civil, conformément au principe tiré de l'art. 182 du Code forestier?

Nous ne le croyons pas. (*Sic* Paris 1er avril 1830.) Le sursis n'est obligatoire qu'autant que l'on excipe d'un droit de propriété immobilière. Il n'y a même pas, suivant nous, une question de propriété. Le juge de l'action sera juge de l'exception.

La prescription du délit de fabrication illicite ne court que du jour où elle est achevée. La prescription du délit de vente ne court que du jour de chaque vente. Cour de Cass. 1862. La mise en vente est un délit successif. Nous verrons, au chapitre suivant, quelques difficultés sur ces matières de la contrefaçon et de la prescription, en ce qui concerne les œuvres dramatiques.

TROISIÈME PARTIE

RÈGLES SPÉCIALES AUX ŒUVRES DRAMATIQUES.

Il faut distinguer, en cette matière, la publication et la représentation.

L'auteur qui cède le droit de publication conserve le droit de représentation. Mais, sous l'empire de la loi du 30 août 1792, la réciproque n'était pas vraie, et la cession du droit de représentation emportait, à moins de réserve expresse, la cession du droit de publication. Cette loi a été abrogée par la loi du 1ᵉʳ septembre 1793.

La loi des 12 janvier-19 juillet 1791, réglait la durée du droit. Elle a été remplacée, tant en ce qui concerne le droit de publication, qu'en ce qui concerne la représentation, par les deux lois de 1793 et de 1866.

Les œuvres dramatiques ou musicales sont, au point de vue de la publication, régies par les règles concernant les œuvres littéraires. Un décret du 8 juin 1806 a étendu aux ouvrages dramatiques posthumes les dispositions du décret du 1ᵉʳ germinal an XIII.

D'après l'art. 12 du décret du 8 juin 1806, les auteurs et entrepreneurs sont libres de déterminer, par des conventions mutuelles, les rétributions dues aux premiers, par sommes fixes ou autrement. C'est le droit commun : il y avait des règlements contraires; il y en a eu depuis. Ainsi, pour la Comédie-Française, la part des auteurs est réglée par l'art. 72 du décret de Moscou, 15 octobre 1812.

On a jugé qu'après l'admission définitive d'une pièce, le théâtre ne peut plus se dispenser de la représenter, l'auteur ne peut s'opposer à la représentation : dernier point douteux ; mais si l'auteur retirait sa pièce, il devrait au moins indemniser les comédiens.

La mise en scène et la distribution des rôles appartiennent, a-t-on jugé, sauf conventions contraires, au directeur du théâtre.

Chaque ouvrage doit être représenté à son tour de réception. Cependant, des conventions particulières peuvent attribuer à une pièce un tour de faveur.

Aucun fragment, aucune parcelle d'une œuvre musicale ne peut être exécutée publiquement sans l'autorisation de l'auteur. L'exécution dans un café-concert doit de même être autorisée. (Toulouse, 17 nov. 1862. Cass. 11 mai 1868.)

La question de publicité est appréciée suivant les circonstances.

C'est en ce sens que doit être interprété l'arrêt de la Cour de Cassation du 3 août 1863, relatif à l'exécution d'une œuvre musicale sans autorisation de l'auteur, par une société philharmonique, en présence de quelques personnes invitées nominativement. On a condamné un maître de table d'hôte pour avoir laissé jouer des œuvres musicales, pendant le repas, par des musiciens que les convives rémunéraient.

Jusqu'à la loi du 16 mai 1866, fort débattue au Sénat, la Cour de Cassation voyait une contrefaçon dans la reproduction sur un instrument de musique mécanique, orgue de Barbarie ou autre, d'un air resté dans le domaine privé. L'art. 425 du Code pénal, bien que par ses termes il ne s'appliquât qu'aux reproductions imprimées ou gravées, était considéré comme général.

DÉPÔT.

Le dépôt est exigé, mais seulement pour la publication. C'est ce qu'a jugé la Cour de Cassation, le 24 juin 1862.

La question de savoir si lo dépôt peut être exigé pour une œuvre purement musicale, n'étant accompagnée d'aucun texte, ne s'est pas encore présentée. Dans la pratique, le dépôt a lieu.

REPRÉSENTATION ILLICITE.

Le décret du 25 mars 1852 ne s'applique pas, suivant la Cour de Cassation (14 décembre 1857), à la représentation, en France, d'une œuvre théâtrale publiée à l'étranger. Cette représentation ne pourrait donc être interdite par l'auteur étranger, sauf les prévisions des traités.

En ce qui concerne la prescription du délit de contrefaçon, deux arrêts ont consacré une doctrine qui ne nous paraît pas exacte. La Cour de Paris, le 24 février 1855, décida qu'après le délai de trois ans expiré, le contrefacteur était complétement à couvert, protégé même pour l'avenir ; qu'il pouvait représenter l'œuvre d'un auteur sans sa permission ; qu'il pouvait même, et cela avait été décidé par la même Cour le 13 novembre 1855, céder à un autre directeur de théâtre le droit qu'il avait acquis ainsi par prescription.

Nous repoussons cette solution.

Chaque représentation illicite est un délit distinct, point de départ d'une prescription particulière ; dès lors, il ne peut être question de couvrir le passé, si la dernière représentation n'est pas antérieure de trois ans à la poursuite.

Quant au second arrêt, il tombe, suivant nous, dans une erreur plus évidente encore. Il résulte, en effet, de cette décision, que la prescription libératoire de l'action en contrefaçon deviendrait, entre les mains du contrefacteur, acquisitive d'un droit ! Nous nous demandons quel sera ce droit. Sera-ce celui de l'auteur ?. Alors celui-ci sera dépouillé du fruit de son travail. — Maintiendra-t-on, au contraire, le droit de l'auteur en créant au profit du contrefacteur un droit parallèle et rival? Une telle anomalie doit s'appuyer sur un texte, et nous n'en connaissons aucun qui consacre l'acquisition d'un droit total ou partiel sur une œuvre littéraire ou dramatique par une proscription quelconque.

QUATRIÈME PARTIE

APERÇU DE LA LÉGISLATION ÉTRANGÈRE EN MATIÈRE DES DROITS D'AUTEURS.

Il nous semble utile de terminer par quelques indications sommaires sur les principales dispositions des lois étrangères réglant les droits d'auteurs. Il sera facile de constater que l'idée de perpétuité, qui dérive de l'idée de propriété, est une chimère aux yeux de tous les législateurs. Nulle loi n'est aussi favorable aux auteurs que la nôtre ; mais beaucoup sont plus complètes en cette matière, où tant de détails restent à régler. La plus importante des lois étrangères est peut-être la nouvelle loi du 11 juin 1870, applicable à la Confédération du Nord.

La durée des droits d'auteurs est variable. Tandis qu'en Espagne et en Russie elle est, comme chez nous, de cinquante ans, elle n'est, en Autriche, en Allemagne, en Suisse [1], en Portugal, que de trente-un ans ; de vingt ans en Belgique, en Danemark et en Suède ; de quinze ans en Grèce ; de cinq ans au Chili. En Turquie, le droit s'éteint avec la vie de l'auteur.

L'Angleterre préfère en bien des choses les systèmes compliqués. Les héritiers ont, au maximum, quarante-deux ans depuis la première publication ; au minimum, sept ans depuis la mort de l'auteur. D'après la loi italienne, il faut éga-

---

[1] En ce pays, le délai court de la première publication, non de la mort de l'auteur.

lement distinguer deux périodes : la première, qui est celle de la jouissance du droit exclusif, dure quarante ans, *depuis la première publication;* la seconde période dure également quarante ans, qui courent soit du décès de l'auteur, s'il a vécu pendant plus de quarante ans depuis la première publication, soit de l'expiration du premier délai de quarante ans, si l'auteur est mort avant la fin de cette première période. Pendant la seconde phase, les héritiers ont simplement le droit de percevoir 5 0,0 du prix fort de chaque exemplaire, l'ouvrage étant tombé dans le domaine public. C'est une créance temporaire.

Aux États-Unis, le délai est, pour les héritiers, de vingt-huit ans, à partir de la première publication. Le délai est prolongé pendant quatorze ans, s'il y a une veuve et des enfants.

Remarquons cependant qu'en certains pays, tels que l'Angleterre, la Grèce, le gouvernement s'est réservé le droit d'accorder un privilége d'une durée plus longue.

La durée du droit, pour les ouvrages émanant de sociétés savantes, Académies, etc., est, en Angleterre, perpétuelle : en Autriche de cinquante ans, en Italie de vingt ans, en Allemagne de trente ans, à partir de la publication.

En ce qui touche le droit de traduction, le délai est limité par la loi allemande à cinq ans; le point de départ varie suivant les hypothèses. L'Autriche accorde un an; cette matière est, du reste, l'objet de réserves particulières et de conventions internationales. Le décret de l'an XIII, sur les œuvres posthumes, est encore en vigueur en Belgique.

La question qui s'est élevée au sujet de la publication des lettres intimes, a été tranchée par la Russie, qui, admettant la co-propriété entre l'auteur et le destinataire, décide que la lettre ne pourra être publiée sans leur consentement mutuel.

Une disposition particulière à la loi italienne est l'expropriation pour cause d'utilité publique. Les tribunaux, après l'avis du Conseil d'Etat, prononcent l'expropriation, dont le prix est fixé par experts.

Le dépôt est exigé sous une forme ou sous une autre par presque toutes les législations. En Allemagne, le dépôt consiste en un enregistrement sur un registre spécial.

La contrefaçon est punie de peines en général pécuniaires. La loi allemande punit même la contrefaçon commise par négligence, art. 54.

Pour les œuvres dramatiques, le droit de représentation a parfois une durée moindre que le droit de reproduction. Il en est ainsi en Espagne, en Belgique, en Autriche.

ŒUVRES D'ARTS.

La plupart des législateurs établissent, pour les œuvres d'arts et pour les œuvres littéraires, un régime uniforme sur l'importante question de la cession du droit de reproduction; les solutions sont souvent différentes.

Tandis que la loi bavaroise de 1865 se prononçait pour la négative, la loi prussienne proclamait, au contraire, l'affirmative. La loi russe fait une distinction. L'auteur a conservé son droit si la chose n'a pas été faite sur commande.

L'étude comparée de la législation étrangère présente beaucoup d'autres aperçus intéressants, mais leur étude détaillée dépasserait de beaucoup le cadre nécessairement restreint de ce travail.

PROPOSITIONS

DROIT ROMAIN.

I. — Lorsqu'un mari a pour *correi promittendi* sa femme et Titius, l'acceptilation faite à Titius ne libère pas la femme, même s'il y a société entre elle et Titius.

II. — On peut concilier la loi 43 *de jure dotium*, avec la loi 10 *de condictione causâ datâ*.

III. — Le simple pacte donne naissance à une obligation naturelle.

IV. — On ne peut concilier la loi 27 *de pactis* avec la loi 62 du même titre.

V. — La loi 33 *locati* est contraire aux principes du droit romain.

VI. — Dans les actions *stricti juris*, les intérêts ne sont pas dûs à partir de la *litis contestation*.

DROIT CIVIL FRANÇAIS.

I. — Nonobstant la cession complète qu'il aurait faite de son droit, l'auteur est censé s'être réservé la faculté de corriger et de modifier son œuvre.

II. — L'œuvre ne peut être reproduite contre la volonté ou sans la volonté de l'auteur, qui n'a pas cédé son droit.

En conséquence : le droit est insaisissable entre les mains de l'auteur ;

Le mari, le tuteur, l'administrateur, ne peuvent publier sans le consentement de la femme auteur, de l'interdit, de l'absent avant la mise en possession définitive.

III. — D'un autre côté, la femme ne peut publier sans le consentement du mari, consentement que ne peut suppléer l'autorisation de justice ; le mineur non émancipé, sans le consentement du père ou tuteur.

Le mineur émancipé, la femme séparée, ne peut sans l'assistance du curateur ou l'autorisation du mari, faire pour la publication des traités qui sortiraient du cercle de l'administration courante et engageraient l'avenir.

IV. — A la dissolution de la communauté, le conjoint survivant peut retenir, en le payant, la part de nu-propriété qui appartient aux héritiers du conjoint prédécédé.

Très-subsidiairement, les tribunaux peuvent statuer qu'il en sera ainsi, lorsqu'ils sont *saisis* d'une contestation sur l'exercice du droit.

V. — La réduction de la jouissance du conjoint prédécédé, dans l'intérêt des héritiers à réserve, se fait au marc le franc avec les legs.

VI. — L'action paulienne ne profite qu'au créancier qui l'a exercée.

VII. — Le tiers-détenteur qui paie le créancier, n'est pas subrogé contre la caution. — Celle-ci le serait contre le tiers-détenteur.

VIII. — Partout où une loi prononce le mot de solidarité, elle se réfère à la solidarité parfaite.

Mais les co-auteurs d'un quasi-délit, ou d'un délit civil, sont tenus simplement d'une obligation *in solidum*.

IX. — Les aliénations consenties par l'héritier apparent ne sont pas valables vis-à-vis de l'héritier véritable.

X. — L'art. 917 ne s'applique pas au cas inverse.

XI. — Les deux articles 693 et 694, qui ont trait à la destination du père de famille, prévoient deux hypothèses différentes et s'expliquent historiquement.

XII. — La séparation des patrimoines fait obstacle à la division des dettes.

DROIT ADMINISTRATIF.

I. — Contre la décision de l'évêque qui refuse l'autorisation d'imprimer un livre de piété, il n'y a pas de recours devant le Conseil d'Etat.

Il peut y avoir recours devant le métropolitain.

DROIT DES GENS.

I. — Les conventions internationales sur les droits des auteurs et inventeurs tombent par l'état de guerre entre les puissances qui les ont contractées.

Elles ne revivent pas de plein droit par le rétablissement de la paix.

II. — Le droit de la puissance belligérante, sur le territoire qu'elle occupe réellement, n'excède pas celui d'un administrateur et d'un usufruitier; elle peut percevoir l'impôt établi; elle ne peut aliéner les coupes de bois que conformément aux règles établies.

DROIT CRIMINEL.

I. — La saisie conservatoire des objets ou instruments de la contrefaçon, requise par l'auteur, ne suffit pas pour interrompre la prescription du délit.

II. — L'individu poursuivi seulement par la voie civile pour préjudice aux droits d'auteur, ne peut, pour invoquer la prescription de trois ans, soutenir que le fait constitue un délit.

III. — Le même fait matériel ne peut, en droit, être l'objet de nouvelles poursuites pour des incriminations non soumises au jury.

HISTOIRE DU DROIT.

On doit attribuer l'origine de la communauté conjugale tant au goût du Moyen-Age pour les associations, qu'à la notion plus relevée sur la condition de la femme qu'avait inspirée le Christianisme.

Vu par le Président de la Thèse,
COLMET DE SANTERRE.

Vu par le Doyen de la Faculté,
COLMET-DAAGE.

Vu par le Vice-Recteur de l'Académie de Paris,
et permis d'imprimer,
A. MOURIER.

Charleville, Typographie A. Pouillard.

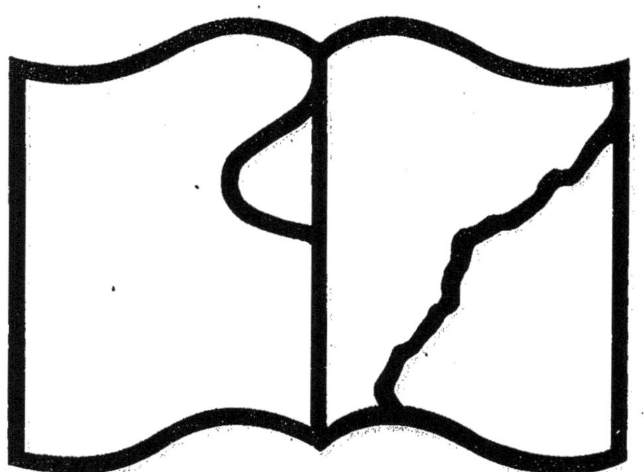

Texte détérioré — reliure défectueuse

NF Z 43-120-11

Contraste insuffisant

NF Z 43-120-14